Mais Elogios a
Um Ano em Doze Semanas

"O tempo é o principal obstáculo que restringe o progresso humano. *Um Ano em Doze Semanas* passa um roteiro que o guia para ter rapidez, rendimento e resultados. Velocidade na execução é a principal força para o sucesso, e Brian Moran e Mike Lennington o ajudam a vencer esta corrida. Imperdível para aqueles que buscam atingir seu potencial máximo."

— Josh Linkner, autor do best-seller
do *New York Times Disciplined Dreaming*

"A visão de responsabilidade de Moran e Lennington é um divisor de águas. Se todos nós nos dermos conta de que liberdade de escolha é a base da responsabilidade, a palavra passará a ter um significado completamente diferente."

— Cali Ressler e Jody Thompson, coautores de
Why Managing Sucks and How to Fix It

"Usar o método de *Um Ano em Doze Semanas* foi simplesmente a melhor coisa que fiz pessoal e profissionalmente!"

— Wicho Hernandez, presidente da LINQ Financial

"O que gosto sobre *Um Ano em Doze Semanas* é que ele o ajuda a produzir resultados! Ideias são ótimas — e este livro tem muitas —, mas nem todas têm importância até que você as faça acontecer. Recomendo o trabalho de Moran e Lennington para meus clientes há anos. Por quê? O método funciona!"

— Bill Cates, autor de *Beyond Referrals: How to Use the Perpetual Revenue System™ to Turn Referrals into High-Value Clients*

"*Um Ano em Doze Semanas* é, de longe, o livro mais prático que já encontrei no que diz respeito ao que é preciso para executar bem as tarefas. Se você ler este livro com atenção, estudá-lo e se comprometer a aplicar seus ensinamentos — ele transformará seus resultados nos negócios e na vida."

— James Shoemaker, CEO da Shoemaker Financial

"São mais de duas décadas comandando empresas, ensinando outras pessoas a fazê-lo, escrevendo e falando sobre isso, e a execução do dia a dia segue sendo a parte mais complicada da fórmula de como fazer certo. Em um livro, Brian e Mike acabaram com tudo o que tinha saído antes."

— Dick Cross, autor de *Just Run It!*

"*Um Ano em Doze Semanas* é um dos melhores livros didáticos que já li. Funcionará para você!"

— Jack Krasula, âncora do programa
"Anything is Possible", da NewsTalk 760 WJR

"*Um Ano em Doze Semanas* é uma leitura essencial para todos aqueles que buscam uma vida pessoal e profissional mais equilibrada e bem-sucedida. Não só apresenta muitas ideias boas e práticas para melhorar seu desempenho nos negócios, como também um passo a passo de ações para realmente implementar essas ideias."

— Robert Fakhimi, CEO e presidente da Mass Mutual San Francisco

"Vivi apenas duas coisas que considero terem sido divisores de águas na minha carreira, e *Um Ano em Doze Semanas* é uma delas. O livro transformou minha agência como um todo."

— Gregory A. McRoberts, sócio-gerente
da WestPoint Financial Group

"*Um Ano em Doze Semanas* é genial! Sendo autor, palestrante, empresário, marido e pai de quatro filhos, a única forma de estar por dentro de tudo é aderindo a esta estratégia simples, mas brilhante. Não deixe outro ano passar sem descobrir o poder deste programa fantástico. Ele revolucionará sua vida ao tornar sonhos realidade!"

— Patrick Kelly, autor do best-seller *Tax-Free Retirement*

"Os princípios e ensinamentos de alta performance destacados neste livro mudarão sua vida pessoal e profissional, criando um senso de urgência."

— Harris S. Fishman, presidente do First Financial Group

"Brian e Mike embarcam em algo verdadeiramente fortalecedor. Às vezes, a vida entra na frente, mas se você pensar nos benefícios das suas atitudes em longo prazo, nunca desapontará a si mesmo ou aqueles que o cercam. Os exercícios e planos de vida presentes neste livro o tornam imperdível para qualquer um, tanto pessoal como profissionalmente."

— Michael Vesuvio, presidente da Emerald Financial

1 ANO EM 12 SEMANAS

1 ANO EM 12 SEMANAS

FAÇA MAIS EM 12 SEMANAS DO QUE OS OUTROS FAZEM EM 12 MESES

BRIAN P. MORAN
E MICHAEL LENNINGTON

ALTA BOOKS
GRUPO EDITORIAL
Rio de Janeiro, 2021

Produção Editorial Editora Alta Books	**Produtor Editorial** Illysabelle Trajano Thiê Alves	**Marketing Editorial** Lívia Carvalho Gabriela Carvalho marketing@altabooks.com.br	**Editor de Aquisição** José Rugeri j.rugeri@altabooks.com.br
Gerência Editorial Anderson Vieira	**Assistente Editorial** Thales Silva	**Coordenação de Eventos** Viviane Paiva eventos@altabooks.com.br	
Gerência Comercial Daniele Fonseca			
Equipe Editorial Ian Verçosa Luana Goulart Maria de Lourdes Borges	Raquel Porto Rodrigo Dutra	**Equipe Design** Larissa Lima Marcelli Ferreira Paulo Gomes	**Equipe Comercial** Daiana Costa Daniel Leal Kaique Luiz Tairone Oliveira
Tradução Daniel Cavalcante Perissé	**Copidesque** Carolina Gaio Palhares	**Revisão Gramatical** Ana Carolina Oliveira Kamila Wozniak	**Diagramação** Luisa Maria
			Capa Marcelli Ferreira

Publique seu livro com a Alta Books. Para mais informações envie um e-mail para autoria@altabooks.com.br

Obra disponível para venda corporativa e/ou personalizada. Para mais informações, fale com projetos@altabooks.com.br

Erratas e arquivos de apoio: No site da editora relatamos, com a devida correção, qualquer erro encontrado em nossos livros, bem como disponibilizamos arquivos de apoio se aplicáveis à obra em questão.

Acesse o site **www.altabooks.com.br** e procure pelo título do livro desejado para ter acesso às erratas, aos arquivos de apoio e/ou a outros conteúdos aplicáveis à obra.

Suporte Técnico: A obra é comercializada na forma em que está, sem direito a suporte técnico ou orientação pessoal/exclusiva ao leitor.

A editora não se responsabiliza pela manutenção, atualização e idioma dos sites referidos pelos autores nesta obra.

Ouvidoria: ouvidoria@altabooks.com.br

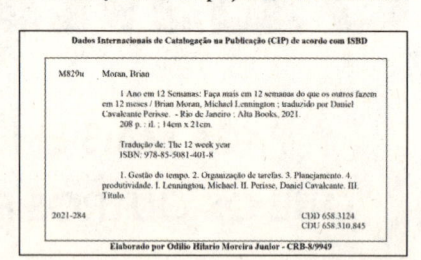

Dados Internacionais de Catalogação na Publicação (CIP) de acordo com ISBD

M829u   Moran, Brian
      1 Ano em 12 Semanas: Faça mais em 12 semanas do que os outros fazem em 12 meses / Brian Moran, Michael Lennington ; traduzido por Daniel Cavalcante Perissé. - Rio de Janeiro : Alta Books, 2021.
      208 p. : il. ; 14cm x 21cm.

      Tradução de: The 12 week year
      ISBN: 978-85-5081-401-8

      1. Gestão do tempo. 2. Organização de tarefas. 3. Planejamento. 4. produtividade. I. Lennington, Michael. II. Perisse, Daniel Cavalcante. III. Título.

2021-284   CDD 658.3124
                           CDU 658.310.845

Elaborado por Odilio Hilario Moreira Junior - CRB-8/9949

Rua Viúva Cláudio, 291 — Bairro Industrial do Jacaré
CEP: 20.970-031 — Rio de Janeiro (RJ)
Tels.: (21) 3278-8069 / 3278-8419
www.altabooks.com.br — altabooks@altabooks.com.br
www.facebook.com/altabooks — www.instagram.com/altabooks

ASSOCIADO

Sumário

CAPÍTULO 1

O Desafio

Como é que algumas pessoas parecem concretizar tantas coisas enquanto muitas outras nunca realizam o que são capazes de fazer? Se você pudesse explorar todo o seu potencial, o que seria diferente? Como sua vida mudaria se, a cada dia, você desempenhasse sua capacidade ao máximo? O que seria diferente nos próximos seis meses, três ou cinco anos se você estivesse na sua melhor forma diariamente?

Esse conjunto de questões, esse conceito fundamental, é o que Mike e eu temos vivido por volta dos últimos anos. Estamos há anos ajudando nossos clientes a executar seu planejamento com mais eficiência. Trabalhamos com pessoas, equipes e empresas montando planos para ajudá-las a atingir suas metas. Nossa missão tem sido desvendar o segredo para ajudar indivíduos e organizações a atuar na sua melhor forma, levando a vida que são realmente capazes de viver.

> "Se fizéssemos as coisas de que somos capazes, literalmente nos surpreenderíamos."
>
> — Thomas Edison

Concordo com Steven Pressfield, autor de *The War of Art*, quando diz que a maioria de nós tem duas vidas: a que vivemos e a que somos capazes de viver. E é esta última que me intriga — é a vida que todos gostaríamos muito de ter, acredito. É a vida que sabemos que está em algum lugar dentro de nós, e que gostaríamos de poder viver. Esta vida não é guiada pela sua personalidade que se acomoda ou se entrega à procrastinação, mas pela sua versão extrema, melhor, confiante e forte. É o você que aparece com o que há de melhor, que faz as coisas acontecerem, que faz a diferença, que vive uma vida de grande importância.

Estar na sua melhor forma parece ótimo, certo? Mas como você se torna essa outra pessoa? O que é preciso para você atingir o seu melhor? Essa é uma questão interessante, e, à medida que viajo e encontro milhares de pessoas, sempre pergunto para elas: "O que é preciso para estar na sua melhor forma, para estar muito bem?" Como vocês imaginam, ouço muitas respostas diferentes.

Neste livro, vamos mostrar como você pode melhorar seus resultados atuais até quatro vezes ou mais em um período muito curto de tempo. Você aprenderá exatamente o que é preciso para atuar no seu melhor a cada dia. Desvendaremos os segredos daqueles que são os melhores em performance de uma forma que lhe permitirá direcionar seu pensamento e suas ações, produzindo resultados impressionantes. Você está prestes a aprender que criar excelência na sua vida ou empresa não é complicado. Na verdade, é bem simples — mas não quer dizer que seja fácil.

O fator número um que impede as pessoas de chegar até onde elas podem realmente ir não passa por falta de conhecimento, inteligência ou informação. Não é uma nova estratégia ou ideia. Não é uma rede maior de contatos. Não é trabalho duro, talento natural ou sorte. Claro que tudo isso ajuda e tem sua importância, mas não são esses fatores que fazem a diferença.

Certamente você já ouviu a máxima de que *conhecimento* é poder. Discordo dela. Conhecimento tem poder apenas se você o usa e age. Pessoas passam a vida toda adquirindo conhecimento, mas qual é o objetivo? Conhecimento por si só não beneficia ninguém, a não ser que a pessoa que o adquire faça algo com ele. E grandes ideias são inúteis caso não sejam colocadas em prática. O mercado premia apenas aquelas ideias que viram realidade. Você pode ser esperto e ter acesso a muitas informações e ótimas ideias; pode ter boas conexões, trabalhar duro e ter muito talento natural, mas, no fim das contas, você tem de fazer acontecer. A realização é o único grande diferencial de mercado. Grandes empresas e pessoas bem-sucedidas fazem melhor que seus concorrentes. A barreira entre você e a vida que você é capaz de ter é a falta de realização consistente. Uma execução eficiente o libertará. É *o* caminho para obter as coisas que deseja.

Pense nas áreas da sua vida em que você fica aquém das expectativas ou obteve menos do que queria, que sentia que poderia ter alcançado mais. Sob um olhar crítico, o momento da falha em cada um desses cenários frequentemente é na hora da execução. Tome como exemplo uma nova ideia que outra pessoa usou para chegar ao sucesso. Com que frequência aquela mesma ideia pode dar errado quando uma outra pessoa tenta colocá-la em prática?

Um dos nossos clientes é uma grande seguradora, com mais de 2 mil corretores. E um deles tem o melhor desempenho em produção todos os anos dentro da empresa. Como você deve ter pensado, outros corretores lhe perguntaram se ele poderia compartilhar com eles sua forma de agir. Sem hesitar, ele dedicava tempo em meio à sua programação ocupada para explicar a eles exatamente o que ele fez para chegar ao sucesso. Sabe quantas pessoas obtiveram o mesmo? Acertou, nenhuma. Ele agora se recusa a dividir o seu segredo porque ninguém consegue acompanhar seus ensinamentos.

Sessenta e cinco por cento dos norte-americanos estão acima do peso ou são considerados obesos. Você acha que há algum segredo para perder peso e ficar em forma? A indústria da dieta e dos exercícios gira em torno dos US$60 bilhões e a cada ano novos livros são publicados sobre o assunto. Quando pesquisei "livros sobre dieta" na internet, minha busca teve 45.915 resultados. Quase 46 mil livros; alguns mais conhecidos, como *The Atkins Diet* ou *South Beach Diet*, e outros menos, como *Run Fat B!tch Run*. Ainda assim, os norte-americanos seguem acima do peso e fora de forma. A maioria das pessoas sabe como evitar isso — comer melhor, fazer mais exercício —, mas eles simplesmente não fazem isso. Não é um problema de *conhecimento*; é um problema de *execução*.

Nossa experiência mostra que a maioria das pessoas tem a capacidade de dobrar ou triplicar a renda apenas colocando em prática de forma consistente o que já sabe. Apesar disso, pessoas continuam a buscar novas ideias achando que a próxima será a que magicamente tornará tudo melhor.

Ann Laufman é um grande exemplo dos benefícios que executar a ideia certa pode trazer. Ann é uma consultora financeira da Mass Mutual, em Houston. Ela era considerada bem-sucedida, mas achava que era capaz de mais, porém não sabia como chegar lá. Quando seu sócio-gerente levou o método *Um Ano em Doze Semanas* à empresa, Ann se interessou. Ao final do processo, obteve um aumento de 400% na produção e se tornou a primeira mulher a ser nomeada funcionária do ano nos 103 anos de história da Mass Mutual Houston.

O interessante disso é que Ann não começou a trabalhar com clientes mais importantes, pegou portfólios maiores ou expandiu seu mercado-alvo — todas as coisas que a maioria dos consultores buscaria para aumentar sua produção. Em vez disso, procurou melhorar seu desempenho fazendo o que já fazia, porém de forma mais consistente. Ao realizar continuadamente as poucas tarefas-chave para grande parte de seu sucesso, ela conseguiu um alto crescimento — e tudo isso sem trabalhar por longas jornadas.

A situação não é exclusiva de Ann. Temos milhares de exemplos nos quais pessoas e organizações inteiras obtiveram resultados incríveis simplesmente aprendendo a executar as tarefas.

"Não é o que você sabe; muito menos quem você conhece;
o que conta é o que você implementa."

Em *Um Ano em Doze Semanas,* vamos mostrar como atuar no melhor de sua forma e atingir os objetivos na vida que mais lhe importam, por meio de uma execução eficiente. Você já sabe da maioria das coisas sobre as quais vamos discutir, mas, como já havíamos mencionado, há uma grande diferença entre saber e fazer. Ensinaremos como agir de forma consistente nas coisas que moldarão seu sucesso.

Os conceitos deste livro foram desenvolvidos e comprovados na prática, por meio do nosso trabalho contínuo de execução com clientes. Incluímos apenas o que funciona e tiramos o resto. O resultado é um livro sucinto, mas poderoso, que cumpre seu objetivo. Ao mesmo tempo que esperamos que a obra seja instigante, é mais importante para nós que ela o inspire a agir.

Escrevemos *Um Ano em Doze Semanas* para fechar a lacuna da execução. Ele é escrito de uma forma que permitirá a você entender os conceitos fundamentais da execução e aplicá-los imediatamente.

Este livro é dividido em duas partes. A Parte I lhe ajuda a entender o processo para atingir seus principais objetivos em poucas semanas. A Parte II é sobre fazer seus objetivos se tornarem realidade. Dá a você as dicas e os recursos específicos necessários para apoiar as ideias presentes na Parte I da publicação.

Nosso método de execução em doze semanas é flexível e ajustável. Os conceitos abrangem tanto pessoas como equipes, tanto pessoal como profissionalmente. Já tivemos casos de empresas inteiras como de indivíduos que utilizaram o sistema com excelente resultado.

Embora o livro seja sucinto, seus conceitos são poderosos. Você pode melhorar seus resultados de forma significativa se aplicá-los.

Sabemos disso por conta das muitas respostas dos nossos leitores da primeira edição.

Nesta publicação, nós lhe mostraremos como melhorar seus resultados atuais, reduzir o estresse, criar confiança e se sentir melhor com você mesmo. Isto não será fazendo você trabalhar ainda mais, e sim focando as atividades que importam mais, mantendo um senso de urgência para realizar essas atividades e descartando as ações de pouco valor que o mantém parado.

Prepare-se: você está prestes a viver *Um Ano em Doze Semanas*!

— Brian P. Moran e Michael Lennington

Parte I

Coisas que Você Acha que Sabe

A primeira parte desta obra lhe dará novos conhecimentos sobre o que é preciso para ser grande e para desafiar o que você acha que sabe sobre o que é preciso para atuar no melhor de sua performance e atingir seu potencial máximo.

> "É o que você aprende depois de saber de tudo que realmente conta."
>
> — John Wooden

CAPÍTULO 2

REDEFININDO O ANO

A maioria das pessoas — aliás, das empresas — não sofre com a falta de ideias. Independentemente de serem técnicas de marketing, ideias para vendas, medidas de redução de custos ou melhoras no atendimento ao cliente já eficientes, sempre há mais ideias em relação ao que você pode implementar de fato. A falha não está em entender, mas em aplicar.

> "Você não pode construir uma reputação baseado no que vai fazer."
>
> — Henry Ford

Um dos obstáculos que impede pessoas e empresas de atingirem seu melhor é o processo de planejamento anual. Por mais estranho que pareça, metas e planos anuais são frequentemente uma barreira para o alto rendimento. Não quero dizer que metas e planos anuais não têm um impacto positivo; é claro que sim. Sem dúvida, você terá uma performance melhor com metas e planos anuais do que se não tiver nada disso; no entanto, identificamos que esse processo anual naturalmente limita a performance.

Conforme fomos trabalhando com clientes ao longo dos anos, percebemos o surgimento de um padrão interessante. A maioria deles acreditava, consciente ou inconscientemente, que seu sucesso e fracasso era determinado de acordo com o que eles tinham conquistado no decorrer de um ano. Foram estabelecidos planos e metas anuais, e em muitos casos os objetivos acabaram quebrados para trimestrais, mensais e muitas vezes até semanais. Porém, no fim das contas, o sucesso foi avaliado anualmente. A armadilha é o que chamamos de *pensamento anualizado*.

Esqueça o Pensamento Anualizado

Na essência do pensamento anualizado está a crença implícita de que há muito tempo durante o ano para fazer as coisas acontecerem. Em janeiro, dezembro parece muito distante.

Pense nisso; começamos o ano com grandes metas, mas por volta do fim de janeiro geralmente nos vemos um pouco atrás em relação ao ponto em que deveríamos estar. Enquanto certamente não estamos satisfeitos, também não estamos muito preocupados porque pensamos com nós mesmos: "Tenho muito tempo. Ainda tenho outros onze meses para correr atrás." No fim de março ainda estamos um pouco atrás, mas, novamente, não há tanta preocupação. Por quê? Porque ainda achamos que temos muito tempo para recuperar esse atraso. E essa forma de pensar predomina ao longo do ano.

Erroneamente achamos que ainda há muito tempo no ano, e agimos de acordo com isso. Falta um senso de urgência: perceber que cada semana, dia ou momento é importante. No fim das contas, a execução eficiente de tarefas acontece diariamente e semanalmente!

Outra premissa errada sobre o pensamento anualizado é a concepção de que, em algum momento mais tarde no ano, conseguiremos um avanço significativo nos resultados. É como se algo de mágico, que resultará em uma melhora substancial, fosse acontecer no fim de setembro ou outubro. Se não pudermos obter um aumento considerável nesta semana, por que achamos que seremos capazes disso durante o ano inteiro?

O fato é que cada semana conta! Cada dia conta! Cada momento conta! Temos de ter consciência da realidade de que a execução de tarefas acontece a cada dia ou semana, e não a cada mês ou trimestre.

Frequentemente, pensar e planejar de forma anual levam a uma performance abaixo do ideal. Para poder realizar tarefas no seu melhor, você precisa esquecer o modo anual e apagar seu pensamento anualizado. Pare de pensar em termos de um ano; em vez disso, foque períodos mais curtos.

O ciclo anual de execução ilude as pessoas ao mostrar uma realidade em que a vida é vivida naquele instante e que, no fim das contas, o sucesso é criado a cada momento. Ele as acalma, fazendo com que pensem que podem deixar as tarefas de lado — as mais críticas — e, ainda assim, realizar seus desejos e atingir as metas.

Neste momento, você deve estar pensando que quase toda empresa opera dessa forma, e que muitas delas conseguem seus objetivos e montam um planejamento. Respondo dizendo que fazer planos não significa que elas estejam conseguindo tudo aquilo de que realmente são capazes.

Tivemos organizações bem-sucedidas que melhoraram seus resultados em 50% em apenas doze semanas. Só para dar um exemplo, ajudamos uma operação de corretagem de 1 bilhão a dobrar sua produtividade nas vendas em seis meses. Isso simplesmente não é possível operando em um ciclo anual de execução. Seja qual for a forma como pessoas e empresas estejam atuando, elas terão um melhor desempenho em um ambiente não anualizado.

Deixe de lado o pensamento anualizado e veja o que acontece.

Coisas Maravilhosas Acontecem no Final do Ano

Você provavelmente já viu ou ouviu propagandas anunciando "ofertas imbatíveis" conforme o final do ano se aproxima. A verdade é que esses esforços de fim de ano dão resultados e são uma prática comum em muitas indústrias.

Se já fez parte de uma operação de final de ano, sabe que todos estão focados em fazer negócios e concluir tarefas importantes. A diferença entre o sucesso e o fracasso de todo o ano pode recair sobre os últimos sessenta dias dele. É mais que comum ver resultados decolarem conforme o calendário anual chega ao fim.

> "Não há nada como um prazo para deixar você motivado."

Acontece o tempo todo nos mercados de seguros e serviços financeiros. Geralmente dezembro é o melhor mês do ano para muitos corretores e empresas, e o quarto trimestre quase sempre representa de 30% a 40% das vendas anuais. É impressionante o que acontece quando as pessoas têm uma meta e um prazo.

O final de ano é certamente mais animado na maioria dos setores. O nível de atividade é alto e as pessoas estão focadas. Com pouco tempo a perder e objetivos claros a atingir, os funcionários estão voltados para oportunidades e projetos críticos. Tarefas que não estão diretamente ligadas aos resultados são deixadas de lado em detrimento do que realmente importa em curto prazo.

Nesta época do ano, também parece acontecer um aumento nas conversas ligadas ao desempenho. Focados em atingir as próprias metas de performance, gestores passam mais tempo com os colaboradores revisando resultados e estimulando-os mais que em qualquer outro momento.

O que acontece no final de ano? Por que as pessoas agem de forma diferente em novembro e dezembro em comparação a julho e agosto? Sem dúvida, é porque há um prazo — que, para a maioria, é 31 de dezembro.

O fim do ano é um divisor de águas, um ponto em que é possível medir nosso sucesso ou fracasso. Esqueça que é um prazo subjetivo; todos embarcam nessa. É o prazo que cria a urgência.

Seja ele imposto por você ou pela sua empresa, novembro e dezembro são meses de arrancada. As pessoas procrastinam menos nessa época do ano. Reconhecendo que o tempo está se esgotando, elas encaram os obstáculos e tarefas que vinham evitando desde o início do ano. Nesses dias restantes, um forte senso de urgência toma o lugar da dispersão e inatividade. As pessoas fazem de tudo para fechar negócio antes do fim do ano e se esforçam ao máximo para cruzar a linha de chegada antes que o tempo acabe.

Além disso, há um sentimento de empolgação pelo ano novo que está por vir. Independentemente de como você foi nestes últimos doze meses, sua esperança é a de que melhorará no seguinte. Se foi ruim, o ano seguinte lhe dá uma chance de começar do zero. Se foi bom, é uma chance de seguir crescendo. De qualquer forma, um novo ano traz muita esperança e alta expectativa de que coisas boas vêm por aí.

O final do ano é um período estimulante e produtivo — as últimas cinco ou seis semanas representam seu momento mais fascinante. Durante esse período, há uma correria para terminar o ano bem e começar o próximo da melhor forma possível. O problema é que essa urgência está presente apenas por algumas semanas. Não seria maravilhoso se você pudesse criar essa energia, foco e comprometimento o ano todo? Bem, você pode! O ano de doze semanas e o conceito de periodização lhe mostram como.

PERIODIZAÇÃO

A periodização começou como uma técnica de treinamento para aumentar o rendimento significativamente. Seus princípios são foco, concentração e sobrecarga em uma habilidade ou rotina específicas.

A periodização no esporte é um método de treinamento que se concentra em uma habilidade por vez durante um determinado tempo, geralmente de quatro a seis semanas. Depois de cada um desses ciclos, o atleta segue para a próxima habilidade. Dessa forma, a capacidade de realizar aquela habilidade é feita ao máximo. Atletas do leste europeu foram os primeiros a adotar essa técnica no seu treinamento para os Jogos Olímpicos, na década de 1970. Até hoje, a periodização é muito usada em diversos métodos de treinamento.

> "Nós somos o que fazemos repetidamente. A excelência, portanto, não é um ato, mas um hábito."
>
> — Aristóteles

Percebemos o quanto a periodização poderia ser eficaz para nossos clientes e até para nós mesmos, então adaptamos o método para o sucesso de indivíduos e empresas. Desenvolvemos uma abordagem de doze semanas à periodização que vai além de apenas treinar para focar nos fatores críticos que determinam o equilíbrio entre o financeiro e o pessoal. O ano de doze semanas define o que é importante para você hoje, para que seus objetivos em longo prazo sejam alcançados.

O ano de doze semanas é um método estruturado que muda fundamentalmente a forma como você pensa e age. É importante entender que os resultados obtidos são consequência das ações que realiza. Por sua vez, suas ações são manifestações de seus pensamentos ocultos. Finalmente, é seu pensamento que conduz e leva a seus resultados; é seu pensamento que cria suas experiências de vida (veja a Figura 2.1).

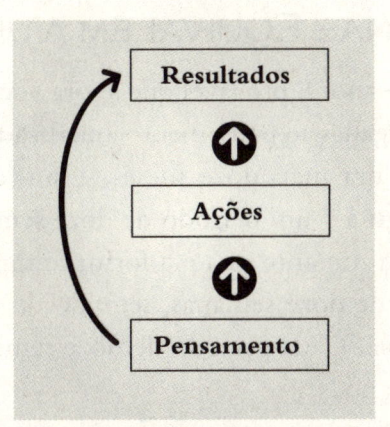

Figura 2.1 Seus resultados são, definitivamente, uma manifestação da sua forma de pensar.

Em longo prazo, suas ações estão sempre de acordo com seus pensamentos ocultos. Quando você busca mudar as atitudes, sente uma grande melhora; no entanto, quando a forma de pensar muda — tudo muda junto. Suas ações se assemelham naturalmente ao novo pensamento. É assim que nascem as grandes descobertas. Resultados impactantes não surgem das suas ações, elas aparecem primeiro no seu pensamento. É aqui que está o poder do método do ano de doze semanas; ele muda a forma de pensar, criando oportunidades de importantes descobertas.

O resultado é um senso elevado de urgência e um aumento do foco naquelas poucas e críticas atividades fundamentais que levam ao sucesso e à realização, e em executá-las diariamente para garantir a realização das metas em longo prazo. O ano de doze semanas fornece os recursos e o foco para pessoas e empresas serem muito bem-sucedidas. Ele cria um senso de clareza no que é importante e um de urgência a cada dia para fazer o que é necessário. Além disso, chama a atenção para como colher as oportunidades atuais e para plantar as sementes fundamentais para garantir o sucesso contínuo.

Doze Semanas Equivalem a um Ano

Esqueça a noção de ano. É provável que agora você já consiga enxergar as armadilhas ligadas ao pensamento anualizado. Vamos redefinir um ano: ele não dura mais doze meses, e sim doze semanas. Isso mesmo, um ano agora é um período de doze semanas. Não há mais quatro períodos em um ano; essa é a forma antiga de pensar. Agora há apenas um ano de doze semanas, seguido do outro ano de doze semanas, *ad infinitum*. Cada período de doze semanas está por conta própria — é o seu ano.

Pense nos efeitos de um ano de doze semanas. A animação, energia e foco que marcam todos os meses de dezembro agora acontecem continuadamente. A arrancada de fim de ano para atingir os objetivos não acontece apenas a cada doze meses, mas o tempo todo. A razão pela qual as pessoas começam a se comportar diferentemente em novembro e dezembro é porque eles sabem que, em 31 de dezembro, eles poderão medir seu sucesso ou fracasso. Como mencionei mais cedo, 31 de dezembro é uma data subjetiva, mas como ela marca o fim do calendário anual, parece ser uma boa oportunidade de fazer um balanço pessoal. Não há nada de especial em relação à data, a não ser a importância que damos a ela. Temos clientes cujo ano fiscal termina em trinta de junho e eles fazem um esforço neste mês, conforme a organização luta para terminar bem o período. A data é absolutamente irrelevante; o que importa é que há um momento em que o jogo acaba, e o sucesso ou fracasso é reconhecido.

O ano de doze semanas cria uma data-limite para que você avalie seu sucesso (ou a falta dele). A melhor coisa de viver um ano de doze semanas é que o prazo sempre está perto o suficiente para que você não o perca de vista. Ele fornece um horizonte de tempo longo o suficiente para que as coisas sejam feitas, porém muito curto para criar um senso de urgência e uma tendência para a ação. É natural do ser humano mudar de comportamento quando um prazo se aproxima.

Procrastinamos menos, reduzimos ou eliminamos atividades que nos façam fugir dos objetivos e damos ênfase ao que importa.

Além disso, o ano de doze semanas força você a enfrentar a falta de execução de atividades. Afinal, quantas semanas ruins você pode ter em um ano de doze semanas e ainda ter bons resultados? A partir do momento em que você não pode ter mais que uma ou duas semanas ruins, cada dia automaticamente se torna mais importante.

O ano de doze semanas reduz seu foco para a semana e, especificamente, para o dia, que é quando a execução de tarefas acontece. Você não pode mais se dar ao luxo de deixar de lado as atividades importantes, imaginando que há muito tempo ainda no ano. A realização eficiente de atividades não acontece de forma mensal, trimestral ou semianual; ela ocorre a cada dia e, finalmente, a cada momento. O ano de doze semanas traz essa realidade como foco principal.

Além disso, você agora pode viver a ansiedade de um novo ano a cada doze semanas. No passado, se uma pessoa estabelecesse uma meta para o ano que se tornou claramente impossível de atingir por volta do terceiro trimestre, a falta de realização tornava-se desestimulante. Não é incomum ver pessoas e equipes inteiras desistindo mentalmente de seus objetivos antes de outubro. Com o ano de doze semanas, isso nunca acontecerá novamente. Você terá um recomeço a cada doze semanas — um novo ano! Por isso, se teve um ano de doze semanas difícil, basta virar a página, se recompor e começar de novo. Se teve um ano de doze semanas bem-sucedido, pode explorar ainda mais o momento. De qualquer forma, cada doze semanas representa um novo início.

> "O ano de doze semanas muda tudo!"

E assim como você faz ao final de um ano de calendário normal, a cada doze semanas é hora de dar um tempo, descansar e recarregar as baterias. Pode ser um fim de semana de três dias ou uma semana de férias; o importante é tirar um tempo para refletir, reorganizar-se e revigorar-se. Para pessoas orientadas pelo sucesso, é fácil olhar para o que está à frente e não levar totalmente em consideração o que já passou. O ano de doze semanas apresenta pelo menos quatro vezes mais oportunidades para reconhecer e comemorar seus avanços e conquistas.

A ênfase em um ano de doze semanas o mantém focado em não fazer nada sem estar preparado, além de garantir que todas as semanas valham a pena.

CAPÍTULO 3

A CONEXÃO EMOCIONAL

Executar de forma eficiente não é complicado, mas também não quer dizer que seja necessariamente fácil. Na verdade, muitas pessoas e empresas têm dificuldade de cumprir bem as funções. A realização de tarefas invariavelmente requer que novas ações sejam tomadas e muitas vezes elas são desconfortáveis.

Ao se deparar com um plano de ação que inclui etapas difíceis ou que causem incômodo, tomar medidas em curto prazo parecem custar muito mais que os benefícios em longo prazo se a meta for atingida. Por causa disso, é comum que indivíduos e organizações inteiras abandonem as tarefas e, por consequência, toda a estratégia. Por experiência própria, acreditamos que, para uma execução bem-sucedida, é essencial ter uma forte participação emocional no resultado.

Sem uma razão convincente para pensar o contrário, a maioria das pessoas escolherá as tarefas tranquilas em vez das desconfortáveis. O problema é que quase sempre são as ações importantes que incomodam. De acordo com nossa experiência, o conforto é a primeira coisa que você terá de sacrificar para ser bem-sucedido, para atingir a meta de que você é capaz e realizar seus planos. O segredo de viver no seu potencial máximo é valorizar o que é importante em detrimento do seu conforto. Portanto, o primeiro passo fundamental para realizar bem as tarefas é criar e manter uma perspectiva atraente para o futuro; algo que você queira ainda mais do que seu desejo pelo próprio conforto em curto prazo, para depois alinhar suas metas e objetivos imediatos com o cenário em longo prazo.

Pense no que você realmente quer. Qual legado deseja criar? O que quer para você e sua família? O que deseja espiritualmente? Que nível de segurança busca? Qual é o nível de renda e de realização que quer de sua carreira? Quais interesses gostaria de poder buscar? O que realmente gostaria de fazer com o tempo que tem disponível?

Se seu objetivo é atuar em alto nível, avançar nesse novo terreno e ser grande, então é bom ter uma perspectiva atraente. Para atingir um nível de desempenho melhor do que o atual, você precisa de uma visão do futuro muito melhor do que a que tem hoje. Precisa de uma perspectiva com a qual esteja conectado emocionalmente. Sem isso, você se dará conta de que não há motivo para passar pela dor das mudanças.

> "Por trás de cada conquista impossível há um sonhador de sonhos impossíveis."
>
> — Robert K. Greenleaf

A perspectiva é o ponto inicial de todo o alto rendimento. Você cria as coisas duas vezes; primeiro mentalmente, depois fisicamente. O maior obstáculo para o alto rendimento não é a manifestação física, e sim a criação mental. Você nunca superará seus modelos mentais. A perspectiva futura é o primeiro lugar no qual você investe no pensamento do que está a seu alcance.

É preciso ter clareza no que deseja criar. Muitas pessoas focam principalmente seus negócios ou a carreira profissional, mas trata-se apenas de uma parte da vida — de fato, é a sua visão da vida que dá rumo e relevância a seu negócio. É por isso que começamos com sua visão pessoal, como você quer que sua vida seja no futuro. Depois de estabelecer isso, passamos como seu negócio deve estar para se alinhar e permitir que sua perspectiva pessoal seja realidade. Quanto mais pessoalmente atraente for a visão, maior é a chance de você agir para que ela se torne realidade. É sua ambição pessoal que cria uma conexão emocional com as ações diárias que precisam acontecer nos seus negócios.

Para chegar ao poder incrível de sua visão, é preciso que o futuro seja maior que o presente. Se você criará algo importante — atingir o próximo nível —, precisa superar o medo, as dúvidas e o desconforto. É sua perspectiva pessoal que o mantém no páreo quando as coisas ficam difíceis.

Uma perspectiva pessoal atraente cria paixão. Pense em algo em que é apaixonado e você sempre terá uma perspectiva clara por trás disso. Se perceber que falta entusiasmo nos negócios ou em um relacionamento, não é uma crise de paixão; é uma crise de perspectiva. Mostraremos como elaborar uma visão pessoal atraente e uma para os negócios que está alinhada e justifica suas metas de vida.

> "Toda minha vida quis ser alguém. Agora vejo que tinha de ter sido mais específica."
>
> — Lily Tomlin

O primeiro passo é criar uma perspectiva pessoal, que mostre claramente o que você quer na vida. A visão pessoal deve definir a vida que você quer viver em todas as áreas: espiritual, nos relacionamentos, familiar, financeira, estilo de vida, saúde e social. É ela que cria a base para uma ligação emocional com suas metas para a carreira e os negócios, de modo que exista uma sintonia entre o que você busca profissionalmente e a vida que deseja viver.

Sua perspectiva profissional tem mais poder quando é desenvolvida de acordo com a pessoal. A razão que leva tanta gente a falhar quando as coisas ficam difíceis é a falta de conexão com a vida pessoal.

Seus objetivos profissionais não são as metas em si, mas as formas de se chegar a um fim. Muitas vezes gerentes e funcionários planejam ter sucesso nos negócios, mas falham ao se conectar à real força que permitirá que atinjam o sucesso. Essencialmente, a perspectiva pessoal é a razão pela qual trabalhamos acima de tudo.

Quando você entender a conexão entre sua perspectiva pessoal e seu sucesso profissional, poderá definir exatamente que nível de renda ou produção seu negócio precisa ter para sustentar sua visão completa.

A perspectiva fornece um campo de visão, uma ligação emocional, para ajudá-lo a superar os desafios e realizar as tarefas. Quando a ação parece muito complicada ou desconfortável, relembre seus objetivos e perspectivas pessoais. Apesar das dificuldades, é essa conexão emocional que dará a força interior necessária para seguir adiante, permitindo que você possa alcançar seus sonhos e desejos.

Seu Cérebro e Perspectiva

O cérebro é um órgão incrível. David Frost disse uma vez que "ele começa a funcionar no momento em que você acorda pela manhã e não para até você chegar ao trabalho".

Nossos cérebros são maravilhosos, poderosos e inconsistentes. Por conta de suas diversas funções, às vezes o cérebro parece estar trabalhando com propósitos diferentes ao que se propõe. Já sentiu que seu cérebro estava em conflito com você? Se sim, você não está sozinho (ou maluco). Há pesquisas que explicam o que está acontecendo e oferecem dicas importantes para usar o cérebro de forma mais eficiente para viver da forma que deseja.

Pesquisadores descobriram que uma parte do cérebro chamada amígdala cerebelosa reage negativamente quando estamos diante de incerteza e risco. Essa reação ajuda bastante para evitarmos perigos e seguirmos vivos. Infelizmente, quando imaginamos o futuro sendo bem diferente dos dias atuais, sentimos dúvida, porque não sabemos como criar e manter a visão imaginada. Quando isso acontece, a amígdala entra em cena.

É aí que aparece a parte do nosso cérebro que evita o perigo. Ela busca nos manter distante de situações duvidosas e arriscadas. Quando você começa a imaginar um futuro que vai além da sua zona de conforto e é excessivamente maior e mais ousado que seu presente, a amígdala tenta acabar com o processo antes que você possa fazer algo que seja prejudicial.

Essa é a má notícia. Em um certo nível, estamos todos programados para resistir às mudanças e adiar a grandeza. O bom é que também temos uma porção do cérebro chamada córtex pré-frontal (PFC, na sigla em inglês) que age como contraponto em relação à amígdala. O PFC começa a funcionar quando você pensa fora da zona de conforto e, curiosamente, quando você imagina algo extraordinário para o seu futuro. Cientistas detectaram um aumento nos impulsos elétricos do PFC de cobaias quando elas pensaram em um futuro interessante.

Além disso, pesquisas mostraram que nossos cérebros têm uma grande capacidade de mudança. No passado, cientistas pensavam que eles eram basicamente estáticos depois que nos tornávamos adultos, mas agora sabem que o cérebro pode mudar conforme o tempo. Na verdade, as áreas que usamos com frequência crescem em termos de densidade de conexões neurais e de tamanho.

Essa capacidade de o nosso cérebro mudar é chamada de neuroplasticidade. E eis o porquê de ser tão importante: nosso cérebro possui a habilidade de mudar e se desenvolver fisiologicamente, e o faz baseado na forma como você o usa.

Isso é bom e ruim ao mesmo tempo. A má notícia é que, a não ser que acione intencionalmente o PFC, você está, por padrão, relativamente fortalecendo a parte do seu cérebro que resiste às mudanças e mantém você preso. Por outro lado, é possível mudá-lo apenas com o que você pensa. A capacidade de fortalecer e desenvolvê-lo ao pensar em um futuro interessante é sua, ao imaginar regularmente e repetidamente uma visão estimulante, na qual você se conecta emocionalmente com a vida que quer.

E eis o porquê de essa talvez ser a melhor parte; quando você pensa em uma perspectiva animadora, os neurônios ativados no seu cérebro são os mesmos que funcionam quando você age em prol de alcançar esse futuro. Isso significa que você pode, literalmente, treinar seu cérebro para intervir na sua visão apenas ao pensar nela. O primeiro passo, contudo, é criar uma perspectiva estimulante e aprender a ser manter conectado a ela.

> "Diga-me, o que você planeja fazer com sua única brava e preciosa vida?"
>
> — Mary Oliver

CAPÍTULO 4

Jogue Fora o Plano Anual

Uma vez que você saiba claramente para onde quer ir, é preciso um plano para chegar lá. Imagine uma viagem de carro com a família, de férias, mas sem um mapa. Você provavelmente concordará que não é uma boa ideia!

> "Uma perspectiva sem um plano é um sonho impossível."

Ter um planejamento para concretizar sua perspectiva pessoal e suas metas profissionais é ainda mais importante que estar com um mapa na hora de fazer uma trilha. No entanto, a dura realidade é que muitas pessoas gastam mais tempo planejando uma viagem em vez de fazer isso com os próprios negócios.

Trabalhar com base em um plano tem três benefícios claros:

1. Reduz o número de erros.
2. Poupa tempo.
3. Garante o foco.

Planejar lhe permite pensar antecipadamente na melhor forma de atingir suas metas. Você comete os erros no papel, o que reduz possíveis confusões durante a implementação do plano na prática.

Para completar, estudos mostram que o planejamento poupa tempo e recursos de forma significativa. Isso pode parecer contraditório. De fato, muitas pessoas se sentem improdutivas se não estiverem constantemente realizando tarefas, mas planejar faz parte do seu tempo mais produtivo.

Finalmente, o planejamento — como um bom mapa — mantém você dedicado e concentrado no objetivo. Isso é fundamental por conta de todos os tipos de distrações diárias para tirá-lo desse caminho. Ter um plano traz você de volta aos pontos estrategicamente importantes de forma constante.

PLANEJAMENTO EM DOZE SEMANAS

Diferentemente de qualquer outro método que conhecemos, o planejamento em doze semanas garante esses benefícios e mais um pouco em relação ao tradicional plano anual. Não estamos falando sobre planejamento trimestral — lembre-se de que isso faz parte do ultrapassado modelo de pensamento anualizado. Nessa programação, cada doze semanas são independentes; cada doze semanas representam um novo ano e, com isso, uma nova oportunidade de conseguir o seu melhor.

O planejamento em doze semanas também possui mais três diferenças em relação ao anual. Em primeiro lugar, ele é mais previsível: quanto mais à frente você planeja, menos previsibilidade terá. Com planos em longo prazo, suposições são feitas em cima de outras pensadas lá atrás, que também têm como base outras deduções imaginadas há ainda mais tempo. Se você é tão bom assim em prever o futuro, telefone-me; adoraria falar sobre suas escolhas no mercado de ações!

A verdade é que é muito difícil, para não dizer impossível, determinar como suas atitudes diárias devem ser daqui a onze ou doze meses. É por isso que planejamentos anuais geralmente são baseados em objetivos.

Com um plano de doze semanas, a previsibilidade é muito maior. É possível definir, com alto grau de certeza, que atitudes você deve tomar a cada uma das próximas doze semanas. Os planejamentos de doze semanas são baseados tanto em números como em atividades. Eles criam uma ligação forte entre as ações feitas por você hoje e os resultados que quer conquistar.

A segunda diferença da programação de doze semanas é o fato de ela ser mais concentrada. A maioria dos planos anuais possui objetivos demais, uma das principais razões pelas quais a execução não funciona. O motivo de a maioria dos planejamentos ter tanta coisa é o fato de serem para doze meses, colocando no papel tudo que almeja ser conseguido pelos próximos 365 dias. Não é à toa que você fica desiludido e frustrado. Você acabará desgastado e disperso — sem dúvida, não é a melhor receita para o sucesso.

Sempre existirão mais oportunidades do que você pode efetivamente buscar. Com o ano de doze semanas, a estratégia é ser excelente em algumas poucas coisas em vez de medíocre em muitas. Você identifica de uma a três coisas de maior impacto, e vai com tudo buscá-las. O plano de doze semanas destaca certas áreas fundamentais, criando energia e urgência para agir.

A terceira característica distinta do planejamento de doze semanas é a estrutura. Nossa experiência diz que diversos planos são escritos com a meta implícita de simplesmente desenvolver uma boa programação. Muitas vezes esses planos pararão em uma bela pasta, raramente sendo implementados.

Traçando Metas

O principal objetivo do planejamento deve ser ajudá-lo a identificar e implementar as poucas ações fundamentais que você precisa fazer para atingir seu objetivo. Se a programação não o ajudou a executar melhor as tarefas, então não haveria razão para fazê-la. No entanto, a má notícia é que a maioria dos planos não é escrita pensando na implementação. A forma como o planejamento é estruturado e escrito tem impacto na sua capacidade de realizá-lo de forma eficiente. Um plano eficaz mantém um equilíbrio entre muita complexidade e pouco detalhe. Ele deve começar estabelecendo o objetivo geral, ou objetivos gerais, para as doze semanas. É a meta que define o sucesso para o período. Ela representa um excelente período de doze semanas e a evolução consciente rumo à perspectiva em longo prazo.

> "Se você não sabe para onde está indo, acabará em algum outro lugar."
>
> — Yogi Berra

Uma vez estabelecidas as metas para as doze semanas, é hora de pensar em como atingi-las. A forma mais fácil de fazer isso é dividir seu objetivo para o período em partes específicas. Por exemplo, se a meta é ganhar US$10 mil e perder quase cinco quilos, você deve desenvolver estratégias para melhorar sua renda separadamente das ligadas à perda de peso. Estratégias são as ações diárias que levam à realização das metas. Elas têm de ser específicas e práticas, além de incluir prazos e atribuição de responsabilidades. Falaremos sobre como criar ações eficientes mais à frente, na seção de aplicação.

O planejamento de doze semanas é estruturado de forma a atingir as metas caso as ações sejam feitas pontualmente. Lembre-se que, para não perder o foco neste período, é preciso alinhar o plano de doze semanas à sua perspectiva em longo prazo.

Uma programação de doze semanas é poderosa, pois permite que você se dedique ao que é importante agora. Não se esqueça de que o plano de doze semanas não é parte do planejamento anual; isso faz parte da velha forma anualizada de pensar.

Doze semanas são suficientes para fazer as coisas acontecerem e, ao mesmo tempo, representam um período muito curto para criar e manter um senso de urgência. Para aqueles que conseguem os melhores resultados, planos de doze semanas são um mapa com um passo a passo para evitar dispersão e atrasos, além de exigir ações imediatas.

> Para exemplos atuais de planos de doze semanas,
> junte-se à comunidade do ano de doze semanas no site
> www.12weekyear.com/gettingstarted [conteúdo em inglês].

CAPÍTULO 5

UMA SEMANA DE CADA VEZ

Resultados em longo prazo são fruto de suas atitudes diárias. Sir William Osler, fundador da Johns Hopkins School of Medicine, nos Estados Unidos, disse que o segredo do seu sucesso era viver a vida em "compartimentos do tamanho do dia". Segundo ele, ao mesmo tempo em que planejamos o futuro, devemos agir no presente. Para que suas atividades diárias sejam realmente eficientes, elas precisam estar de acordo com suas estratégias, táticas e perspectiva em longo prazo.

No fim das contas, você tem mais controle sob suas ações que sob os resultados. Os resultados são criados pelas suas ações. Por isso, é tão importante montar planos que não sejam apenas baseados em números, mas que identifiquem atividades específicas e fundamentais.

> "O maior indicador do seu futuro são suas atitudes diárias."

O universo físico não vai responder aos seus desejos, não importa o quanto eles sejam passionais ou intensos. A única coisa que o move é a ação. Conforme falamos anteriormente, a perspectiva tem importância, já que é ela que define o destino e a direção geral para onde você quer ir. Ela também garante a motivação para agir, mas uma perspectiva sem atitude é apenas um sonho. É a ação constante que transforma o sonho em realidade.

É aí que a evolução acaba interrompida na maioria das vezes. Muitos de nós queremos melhorar algum aspecto de nossas vidas. Seja para ganhar mais dinheiro, conseguir um novo emprego, encontrar a pessoa certa, perder peso, melhorar um relacionamento ou ser um melhor golfista, parente ou pessoa, apenas ter desejo não é suficiente.

Não basta ter a intenção de mudar; você tem de *agir* nesse sentido para que as coisas melhorem — e não apenas uma vez, mas de forma frequente. Como o filósofo romano Lucrécio dizia: "A água que cai gota a gota gasta a pedra." Em outras palavras, atuar constantemente em busca das atividades importantes e necessárias para atingir a meta é a chave para conseguir o que você busca na vida.

Suas ações atuais moldam o futuro. Se quiser saber como serão as coisas mais à frente, veja suas atitudes; são o melhor indicador do seu futuro. Caso queira saber como ficará sua saúde, observe seus hábitos alimentares e de exercícios atuais. Se quiser saber do futuro do seu casamento, lembre-se das conversas com seu cônjuge. Caso queira prever sua futura carreira e renda, veja suas ações a cada dia de trabalho. São suas ações que contam essa história.

O Planejamento Semanal

"Um grama de ação vale uma tonelada de teoria."

— Ralph Waldo Emerson

O planejamento a cada semana é uma ferramenta poderosa, que transforma o plano de doze semanas em ações diárias e semanais. Ele é o instrumento que organiza e dá um objetivo à sua semana. É o seu esquema de jogo semanal que o manterá de acordo com o previsto para a principal atividade de cada dia. Planejamentos semanais permitem que você organize as atividades para que esteja focado nas tarefas de curto e longo prazo que são realmente importantes. Isso permite que você siga concentrado e produtivo em vez de perder o foco diante de todo tipo de barulho e distrações que podem tirá-lo do caminho facilmente.

A programação semanal não é uma santa lista do que fazer; em vez disso, ela faz com que você reflita a atitude estratégica fundamental do seu plano de doze semanas que deve ser feita na semana em questão para que os objetivos sejam alcançados.

O ponto de partida para um plano semanal eficaz é o planejamento de doze semanas: é nele em que estão todas as estratégias necessárias para poder atingir as metas durante esse período. Cada estratégia possui uma determinada semana para ser completada, e elas guiam seu plano semanal ao determinar as atitudes diárias. Ou seja, o planejamento semanal é algo derivado do plano de doze semanas — essencialmente, trata-se de 1/12 dele.

Para melhor aproveitar seu planejamento semanal, você precisará gastar os primeiros quinze a vinte minutos do início da semana para rever seu progresso em relação à última semana e planejar a próxima. Além disso, os cinco minutos iniciais de cada dia devem ser usados para revisar a programação semanal e, a partir daí, planejar as atividades da jornada.

Um ano de doze semanas garante mais concentração, pois destaca o valor de cada semana. Com o planejamento de doze semanas, um ano é igual a doze semanas, um mês é uma semana, e uma semana passa a ser um dia. Analisando dessa forma, a importância e força de cada *dia* se torna ainda maior. O plano semanal permite a você se concentrar e ser o melhor em algumas poucas coisas em vez de fraco em muitas. Para garantir o melhor dos esforços, um planejamento semanal é uma ferramenta importante e indispensável.

Seu plano semanal inclui estratégias e prioridades, seus objetivos em longo e curto prazo, e compromissos no contexto do tempo. Ele o ajuda a focar os elementos do seu planejamento que precisam acontecer semanalmente para que se mantenha no caminho das metas para as doze semanas. Por sua vez, os objetivos fazem com que siga acreditando na sua visão. Tudo está fortemente alinhado.

Para realmente se beneficiar do que essa ferramenta tem a oferecer, será preciso carregá-la com você e trabalhar a partir dela diariamente. Comece cada jornada com sua programação semanal. Verifique-a várias vezes ao longo do dia. Se programou uma ação a ser completada naquele dia, não vá para casa até que a termine. Isso garante que as tarefas cruciais, suas táticas para lidar com o plano, sejam cumpridas a cada semana.

Visite nossa página, em inglês, no site www.12WeekYear.com para ver um exemplo de planejamento semanal e as outras ferramentas na seção *Achieve!* Mais que qualquer outro recurso, o plano semanal o ajudará a realizar tarefas de forma diária e semanal, além de ajudá-lo a atingir suas expectativas!

CAPÍTULO 6

ENFRENTANDO A VERDADE

Você já parou para pensar por que esportes são tão empolgantes? E não apenas para os jogadores, mas também para os espectadores. Você já imaginou torcedores indo vê-lo trabalhar e pagando pelo privilégio de lhe assistir em ação? Uma das razões fundamentais de os esportes serem tão excitantes é o fato de acompanharmos um placar.

Acompanhar o placar é fundamental na competição. Monitoramos pontuações, medidas e dados para determinar o sucesso e identificar áreas nas quais podemos evoluir. A qualquer momento durante um evento esportivo, cada jogador, membro da comissão técnica ou torcedor sabe exatamente como o time dele está. Essa informação garante uma base de conhecimento para guiar as decisões que levam a uma melhor performance e ao sucesso. Em outras palavras, seguir o placar nos permite saber se o que estamos fazendo é eficaz. No mundo dos negócios, muitas vezes falhamos ao registrar esse desempenho e, sem nenhuma medida concreta, ficamos sem saber se estamos sendo eficientes. Assim como no esporte, são os registros que conduzem os processos no campo profissional.

Nos anos 1960, o psicólogo organizacional Frederick Herzberg tentou entender o que motivava as pessoas no ambiente de trabalho. Sua extensa pesquisa identificou o sentimento de autorrealização e o reconhecimento ao trabalho como os dois principais motivadores. A única forma de você saber se está realizando alguma coisa é tendo uma medida — ou seja, mantendo um placar. Um erro comum é achar que medir o grau de realização do trabalho prejudica a autoestima, mas pesquisas apontam o contrário: fazer isso gera confiança, já que é uma forma de registrar progresso e conquistas.

MEDINDO RESULTADOS

Acompanhar o placar funciona como uma forma de se manter junto à realidade, dando retorno sobre seu desempenho e pensando em formas de ser mais eficiente. Uma medição eficaz é aquela em que não há emoção no processo de avaliação, mostrando um cenário real do seu desempenho. Os dados não se preocupam com o esforço ou com as intenções; eles se concentram apenas nos resultados.

De tempos em tempos, todos nós temos a tendência a racionalizar resultados fracos. Porém, com um acompanhamento somos forçados a enfrentar a realidade da nossa situação — mesmo se ela for desconfortável. Embora isso possa ser difícil, quanto mais cedo enfrentarmos a realidade, logo mudaremos de atitude para produzirmos resultados melhores. É isso que faz um acompanhamento eficiente; demanda nossa atenção e faz com que tenhamos de responder de forma mais imediata, aumentando as chances de sucesso mais à frente.

> "Acredito em Deus; todos os outros devem trazer dados e fatos."
>
> — W. Edwards Deming

É a medição que guia o processo de execução. É a âncora para não nos desgarrarmos da realidade. Você consegue imaginar um CEO de uma grande empresa que não sabe seus números? Não é muito diferente de você e de mim. Como o CEO da sua vida pessoal e profissional, você tem de saber seus números. E ter a ideia dessa dimensão garante um retorno importante, que lhe permite tomar decisões inteligentes.

Uma medição eficiente capta tanto os indicadores de vantagem como os de atraso, que dão as informações necessárias para uma melhor tomada de decisão. Indicadores de atraso — como renda, vendas, comissões, quilos perdidos, percentual de gordura e níveis gerais de colesterol — representam os resultados finais que você está tentando alcançar. Já os de vantagem são as atividades que produzem os resultados finais — por exemplo, número de telefonemas feitos ou indicações em um processo de vendas. Enquanto a maioria das empresas sabe medir bem os indicadores de atraso, muitas tendem a esquecer dos de vantagem. Um sistema de medição eficiente terá uma combinação dos indicadores de vantagem e os de atraso, que se complementarão.

O indicador de vantagem mais importante à sua disposição é uma medida do quanto você já realizou. Definitivamente, você tem mais controle sob suas ações que sob os resultados. Seus resultados são criados pelas suas ações. Uma medida de realização indica se fez ou não as coisas que tinha dito serem as mais importantes para atingir os objetivos.

Lembre-se de que você começou com uma perspectiva, uma visão animadora do futuro que é maior do que o presente. Depois, montou uma série de metas para o período de doze semanas que está alinhada a ela. Para cada objetivo, você desenvolveu ações ou estratégias que descrevem os passos que precisa tomar para chegar às metas. O aspecto sob o qual você tem mais controle direto é o de executar as ações. Saber em que nível você foi fiel a elas é a medida de execução. Como suas metas para as doze semanas foram estabelecidas com base na sua visão em longo prazo, a medida de execução também representa o progresso rumo a ela.

Ter uma forma de medir suas ações é fundamental porque lhe permite identificar falhas e responder rapidamente. Ao contrário dos resultados, que podem atrasar semanas, meses e até anos em alguns casos por conta de suas atitudes, uma medida de execução fornece retorno imediato e você acaba fazendo ajustes mais rapidamente. Uma medida de execução é importante também por outro motivo: se você não está atingindo a sua meta, precisa saber se é por conta de uma falha no conteúdo ou na realização do plano, já que há uma grande diferença em como lidar com essas duas questões. Um problema no planejamento acontece quando as estratégias não são eficientes, enquanto uma falha na execução se dá por falta de implementação efetiva das ações.

Falhas acontecem no processo de execução em mais de 60% das vezes, mas geralmente as pessoas dizem que o plano tem problemas e acabam por mudar tudo. Isso é um erro, já que você não sabe se o planejamento não funciona se não o cumpre. Uma medição eficaz permitirá identificar a raiz da falha para que seja encarada sem rodeios. Na maioria dos casos, a não ser que você esteja realizando os processos em um nível razoavelmente alto, não há necessidade de mudar ou ajustar o seu planejamento. O melhor de tudo é que você tem um retorno a cada ação realizada. Se suas atitudes não estiverem rendendo os resultados esperados, você pode fazer os ajustes necessários ao seu planejamento com base no retorno do mercado — porém, primeiro você precisa executar o plano. Quase sempre as pessoas querem mudar o planejamento antes de elas o executarem de verdade. Como regra, você raramente deve alterar o plano, a não ser que esteja cumprindo bem suas estratégias ainda sem obter resultados. Você pode ter criado um planejamento muito bom, mas nunca saberá se não o implementar de fato.

Entretanto, se você está executando em alto nível e os resultados desejados não vêm, então é hora de dar um passo atrás e ajustar o plano. A física nos diz que para cada ação há uma reação, portanto, a boa notícia é que, a cada vez que você realiza uma ação, ela produz alguma coisa — pode não ser o esperado, mas *alguma coisa* acontecerá. Essa *alguma coisa* é o retorno do mercado, sem ele é impossível ajustar seu planejamento. Sem saber quais foram as táticas usadas, quaisquer mudanças feitas por você serão baseadas apenas em suposições.

> "A verdade é o único território em que se pode pisar com segurança."
>
> — Elizabeth Cady Stanton

Tabela de Desempenho Semanal

A melhor forma de medir sua performance é trabalhar a partir de um planejamento semanal (baseado no plano de doze semanas) e avaliar o percentual completo de cada estratégia. Para o ano de doze semanas, desenvolvemos uma ferramenta chamada Tabela de Desempenho Semanal. Se você acompanhou o processo até agora, já entende que o planejamento por semana representa as atividades essenciais que precisam ser cumpridas semanalmente para atingir os objetivos gerais. Logo, a tabela de desempenho semanal entrega uma medida objetiva do quanto bem você executou seu plano nesta semana. Com a tabela de desempenho semanal você mede a ação, e não os resultados. Você se dá pontos de acordo com o percentual de atividades que completa a cada semana.

Pedimos a você que se esforce para buscar a excelência, e não a perfeição. Descobrimos que, se você completar 85% das atividades do planejamento anual de forma bem-sucedida, maior é a chance de atingir os objetivos. Lembre-se de que seu plano conta com as principais prioridades que trarão mais valor e terão um impacto maior. Em outras palavras, você só precisa de 85% de eficiência nas principais prioridades para chegar à excelência!

Uma advertência: o processo de manter um placar não deve ser estressante. Algumas vezes você não terá uma boa performance e, consequentemente, a pontuação será baixa. É comum ver pessoas desistindo ao chegar nesse ponto porque elas não têm a coragem de encarar a realidade de suas ações. Em vez de avaliar seu desempenho, elas se distraem com outras coisas que acham importante naquele momento. No ano de doze semanas, não há para onde escapar. Ele esclarece no que você está bem, e no que não está. De tempos em tempos, todos nós teremos problemas na execução de ações. O sistema do ano de doze semanas força você a enfrentar a falta de execução — e isso é desconfortável, mas necessário se a intenção é atuar no seu melhor. Chamaremos esse desconforto de *tensão produtiva*.

A tensão produtiva é aquela sensação desconfortável que vem quando você não está realizando o que sabe que precisa ser feito. Ao se deparar com algum desconforto, nossa tendência natural é solucioná-lo. Em um esforço para resolver isso, as pessoas geralmente fazem de um jeito ou de outro. O mais fácil é simplesmente parar de usar o sistema e desligar a luz que acende a cada crise de desempenho. Normalmente isso vira uma resistência passiva, você deixa de medir sua performance naquela semana e promete retornar depois, mas isso nunca acontece.

O outro jeito é usar a tensão produtiva como combustível para a mudança. Em vez de responder ao desconforto abdicando dele, os vencedores usam a tensão como um estímulo para avançar. Se decidir que desistir não é uma opção, então o incômodo da tensão produtiva eventualmente fará com que você tome uma atitude em relação às suas estratégias. Isso o estimula a seguir adiante ao executar seu plano.

Mesmo com uma pontuação semanal de 65% a 70%, você terá um bom desempenho se permanecer no jogo. Você não será capaz de chegar à sua melhor marca, mas se sairá bem. É importante lembrar que não se trata de ser perfeito, e sim de melhorar cada vez mais.

A medição guia o processo. Um acompanhamento eficiente da sua pontuação é fundamental se quer realizar bem suas ações e desempenhar na sua melhor forma. Dedique algum tempo para estabelecer um conjunto de medidas-chave que inclua indicadores de vantagem e atraso e, principalmente, não se esqueça de pontuar sua execução. Tenha a coragem de avaliar seu desempenho!

CAPÍTULO 7

Intencionalidade

Tudo o que você quer na vida exige um pouco do seu tempo. Por conta disso, ao querer melhorar seus resultados, você precisa encarar o fato de que sua oferta de tempo é totalmente inflexível — e de curta duração.

Mesmo nesta era de inovações rápidas e avanços tecnológicos, o tempo ainda limita nossos resultados mais que qualquer outro recurso. Quando perguntamos aos nossos clientes o que os impede de conseguir mais, na maioria das vezes ouvimos que é a falta de tempo — e, mesmo assim, *o tempo é o mais desperdiçado de todos os recursos pessoais*. Um estudo feito há alguns anos pelo site Salary.com apontou que o funcionário *médio* desperdiça quase duas horas a cada jornada de trabalho!

A Importância do Sim e do Não

Na verdade, se você não é objetivo na forma como gasta seu tempo, os resultados são entregues ao acaso. Embora seja verdade que temos controle de nossas ações e não das consequências delas, nossos resultados são criados pelas nossas atitudes. Faz total sentido que as ações que escolhemos tomar ao longo do dia acabem determinando nosso destino.

Apesar do valor inestimável do tempo, muitas pessoas encaram cada dia do seu próprio jeito. Em outras palavras, resolvem as muitas demandas diárias conforme cada uma aparece, gastando o tempo que for necessário sem pensar muito sobre o valor relativo da atividade. Essa é uma abordagem reativa, com a qual o dia controla você, impedindo seu desempenho no mais alto nível.

Para atingir seu potencial, você precisa ter consciência de como gasta seu tempo. Viver sabendo o que fará vai contra a forte tendência natural a ser reativo, porque você fica obrigado a organizar a vida em torno das suas prioridades e, conscientemente, escolher as atitudes que estão de acordo com seus objetivos e perspectiva.

Quando você gasta o tempo com um propósito, sabe quando dizer sim e quando dizer não. Você provavelmente tem noção de quando está enrolando ou fazendo uma atividade de pouco esforço para evitar uma outra que considera desconfortável, mas de retorno mais elevado. Quando você usa o tempo intencionalmente, há menos desperdício e mais dedicação às ações de grande importância, mas para isso você precisa ter disciplina e saber planejar seus dias e semanas. A melhor forma de chegar lá é usando seu planejamento de doze semanas para conduzir as atividades de uma forma que, no fim, *você* estabeleça seus objetivos para o dia em vez de deixar que ele o guie. Intencionalmente, é sua arma secreta na guerra contra a mediocridade.

> "Não basta estar ocupado; as formigas também se ocupam. A pergunta é: com o que estamos nos ocupando?"
>
> — Henry David Thoreau

PLANEJANDO SEU TEMPO

O político, cientista e inventor norte-americano Benjamin Franklin disse: "Se cuidarmos dos minutos, os anos cuidarão de si mesmos." Essas palavras são sábias; a dificuldade de tornar isso realidade é que, no decorrer do dia, aparecem *coisas* que você não previa que tomariam seus preciosos minutos.

Geralmente, tentar reduzir o número de interrupções não dá certo e pode ser mais complicado que simplesmente encará-las. Na nossa opinião, a solução para usar melhor o tempo — no caso, de forma *intencional* — não é tentar eliminar essas interrupções não planejadas, mas reservar um determinado período de tempo por semana para se concentrar nas ações estrategicamente importantes. Chamamos esse processo de *tempo de desempenho* e acreditamos ser a melhor e mais eficaz forma de alocar horário. Trata-se de um esquema simples de planejamento em blocos, para que você retome o controle do seu dia e maximize a eficácia.

O tempo de desempenho é formado por três partes principais: *blocos de tempo estratégicos, blocos de tempo de reserva e blocos de tempo de fuga.*

Blocos de tempo estratégicos: é um bloco ininterrupto de três horas, planejado para cada semana. Durante esse período, nada de telefonemas, faxes, e-mails, visitas ou *qualquer* coisa. É hora de usar toda a sua energia para as atividades previamente planejadas — suas tarefas estratégicas e que geram receita.

Nos blocos de tempo estratégicos, você concentra sua inteligência e criatividade para gerar resultados marcantes. Você ficará impressionado com a quantidade e qualidade de trabalho que produzirá. Para a maioria das pessoas, um bloco de tempo estratégico por semana é suficiente.

Blocos de tempo de reserva: são os momentos para se lidar com todas as atividades que não estavam planejadas e de pouco valor —como a maioria dos e-mails e mensagens no telefone — que chegam ao longo de um dia normal. Não há nada mais improdutivo e frustrante que lidar com interrupções constantes, mas todos nós tivemos dias em que coisas não planejadas tomaram conta do nosso tempo.

Para algumas pessoas, um bloco de tempo de reserva de trinta minutos é suficiente, enquanto outras consideram necessários dois períodos de uma hora cada um. O poder desse momento é justamente juntar todas as atividades que tendem a ser improdutivas, para que você possa lidar com elas e, a partir daí, ter um melhor controle do que resta do seu dia.

Blocos de tempo de fuga: um dos principais fatores para a queda de rendimento é a falta de tempo livre. Frequentemente vemos empreendedores e profissionais presos trabalhando mais e por mais tempo, mas essa abordagem acaba com sua energia e entusiasmo. Para obter melhores resultados, quase sempre não é preciso trabalhar mais horas, e sim tirar algum tempo de descanso do trabalho. Afinal de contas, ninguém é de ferro — quando não tiramos uma folga do trabalho, podemos até perder a criatividade.

Um bloco de tempo de fuga eficiente dura pelo menos três horas, e é gasto com coisas não ligadas ao trabalho. É um tempo longe dos negócios durante o expediente que você usará para refrescar e fortalecer a mente, voltando com ainda mais concentração e energia.

> "Se você não está no controle de seu tempo, não está no controle de seus resultados."

O tempo de desempenho vai além dos blocos descritos acima. Quanto mais você criar uma rotina nos seus dias e semanas, mais eficiente será sua execução. A melhor forma de conseguir isso é criando uma imagem de uma semana perfeita.

O conceito de semana perfeita é planejar, no papel, todas as atividades fundamentais que podem acontecer normalmente nesse período e organizá-las para que você seja mais produtivo. Caso não consiga colocar tudo no papel, não há como cumprir na vida real. Por isso, o exercício de planejar estrategicamente a semana fará com que tenha algumas escolhas difíceis sobre como usar o seu tempo.

Para ajudar na montagem da semana ideal, marque atividades de rotina para um mesmo horário e dia, se possível. Pense em que hora você é mais produtivo. Você é uma pessoa das manhãs ou está em plena capacidade à tarde ou à noite? Selecione as atividades mais importantes para esse momento. Descreveremos o passo a passo para montar a semana ideal no Capítulo 17.

A técnica do tempo de desempenho teve impacto imediato nos resultados de muitos de nossos clientes. O simples controle de algumas horas por semana faz uma grande diferença. Aprenda a usar seu tempo com a melhor das intenções e você não apenas será mais eficaz, mas também terá um senso maior de controle, menos estresse e um aumento na confiança.

Para saber mais sobre o planejamento do tempo, entre na nossa página no site www.12weekyear.com/gettingstarted [conteúdo em inglês].

CAPÍTULO 8

RESPONSABILIDADE COMO PROPRIEDADE

O conceito de responsabilidade talvez seja o menos compreendido nos âmbitos pessoal e profissional. Muitos o associam a mau comportamento, desempenho ruim e consequências negativas. Por exemplo, quando um atleta viola alguma regra disciplinar, o comissário de sua liga o aponta publicamente como responsável e o pune com uma multa ou suspensão. Não é à toa que a maioria das pessoas quer distância de qualquer responsabilidade.

> "Nosso último ato livre — depois do qual outros atos livres não serão possíveis — é negar que somos livres."
>
> — Peter Koestenbaum

Frequentemente as pessoas falam em *responsabilizar* os outros, especialmente em situações profissionais. Muitas vezes ouvimos gerentes dizer: "Precisamos fazer um trabalho melhor para responsabilizar as pessoas." Já até ouvi de outros que queriam realmente ter um desempenho melhor algo como: "Só preciso de alguém para me responsabilizar." Essas declarações refletem a noção errada de que responsabilidade pode e tem de ser imposta; isso não é responsabilidade, e sim consequência. De fato, é impossível responsabilizar alguém. Costumo brincar dizendo que você pode segurar um bebê e segurar uma sacola com comida, mas não consegue manter alguém responsável por alguma coisa.

Responsabilidade não diz respeito às consequências, e sim à *propriedade*. É um traço característico, uma forma de ver a vida, uma disposição para assumir suas atitudes e resultados *independentemente das circunstâncias*. No livro *Freedom and Accountability at Work: Applying Philosophic Insight to the Real World*, os autores Peter Koestenbaum e Peter Block discutem o conceito de responsabilidade da seguinte forma:

> Temos uma forma modesta de pensar sobre responsabilidade. Achamos que as pessoas querem evitar ser responsáveis. Acreditamos que responsabilidade é algo que deve ser imposto. Temos de delegar responsabilidade às pessoas, criando recompensas e punições para isso. Essas convicções são tão predominantes que se tornam difíceis de questionar, embora sejam as mesmas que nos impedem de experimentar o que queremos há tempos.

A própria natureza da responsabilidade se apoia na compreensão de que cada um de nós tem liberdade de escolha. E é essa liberdade de escolha que é a base da responsabilidade.

Responsabilidade é a constatação de que você sempre tem escolha; de que, na verdade, não há *obrigações* na vida. Obrigações são aquelas coisas que detestamos, mas acabamos fazendo de qualquer forma porque precisamos. A verdade é que não há obrigações. Tudo o que realizamos na vida é uma escolha. Mesmo em um ambiente que exige a sua presença, você ainda tem uma escolha, mas há uma grande diferença quando se dedica a alguma coisa como *escolha* em vez de obrigação. Algo obrigatório é um peso, e, na melhor das hipóteses, você atingirá os padrões mínimos; no entanto, perceber que você tem opções muda tudo de figura. Quando escolhe fazer alguma coisa, você pode utilizar seus recursos e dar o seu melhor. É uma postura muito mais fortalecedora. No fim das contas, você escolhe suas ações, seus resultados e suas consequências.

"A responsabilidade não é sobre consequências; é propriedade."

Temos uma tendência a olhar para dentro de nós em busca de coisas que podemos mudar e melhorar. Estamos esperando a economia se recuperar, que o mercado imobiliário dê a volta por cima, ou que nossa empresa lance um novo produto, tenha preços competitivos ou faça uma divulgação melhor. É fácil ser vítima das circunstâncias externas, gastando tempo e energia sonhando e imaginando como seriam nossas vidas se o mundo à nossa volta fosse diferente, acreditando que essas são as soluções para melhorar nossos resultados. A verdade é que você não tem controle sob nenhum desses aspectos. As únicas coisas que você domina são seu pensamento e suas ações. Mas elas só são suficientes *se* (e trata-se de um grande se) você estiver inclinado a assumi-las.

Não fique com a impressão errada de que, de alguma forma, a responsabilidade foi descrita aqui como algo passivo. Muito pelo contrário: responsabilidade verdadeira sempre enfrenta a verdade, a liberdade de escolha e as consequências das nossas ações. Dessa forma, trata-se de algo extremamente fortalecedor, mas você precisa estar disposto a encarar a realidade e a verdade da sua situação.

Sua visão de responsabilidade e o quanto a assume afetam tudo o que faz, desde seus relacionamentos até a capacidade de realizar tarefas de forma eficiente. Quando você entender que a responsabilidade verdadeira trata de escolhas e de assumi-las, tudo muda. Você deixa de resistir e passa a se fortalecer, muda de limites para possibilidades e pula da mediocridade para o extraordinário.

No fim das contas, a única responsabilidade que existe de verdade é a sua. A única pessoa que pode responsabilizá-lo por alguma coisa é você mesmo. Para ser bem-sucedido, é preciso desenvolver a honestidade mental e a coragem para dominar seus pensamentos, ações e resultados.

CAPÍTULO 9

INTERESSE VERSUS COMPROMISSO

Compromissos são um componente importante do ano de doze semanas. A capacidade de criar e mantê-los melhora os resultados, cria confiança e estimula equipes de alta performance. No entanto, muitos evitam qualquer tipo de comprometimento — e, ainda pior, desistem dele quando as coisas ficam difíceis. Para sermos realmente excelentes no que fazemos, temos de melhorar também na hora de manter as promessas.

> "Compromisso é uma ação, não uma palavra."
>
> — Jean-Paul Sartre

Há uma velha história sobre compromisso envolvendo uma galinha e um porco no café da manhã. A galinha contribuiu com os ovos e, portanto, está apenas *interessada* na refeição. Já o porco traz o bacon e, por isso, está totalmente comprometido. É um conto engraçado, mas acaba por traçar uma imagem ruim sobre compromisso. Na realidade, compromissos beneficiam as duas partes envolvidas, melhorando relacionamentos, fortalecendo a integridade e construindo autoconfiança. Eles são poderosos e, em alguns casos, podem até mudar sua vida.

Tenho certeza de que você se lembra de alguma vez em que estava determinado a conseguir algo importante e faria de tudo para isso. Um dos meus maiores compromissos foi com meu pai. Eram minhas primeiras férias da universidade, mas lembro-me da conversa como se fosse ontem. Estávamos trabalhando no seu jardim, falando sobre meu ano inicial. Durante a conversa, logo ficou evidente que tínhamos perspectivas diferentes sobre o objetivo da universidade.

A questão era sobre minhas notas. Estava na lista do reitor, mas na dos alunos que estavam perto de ser expulsos por desempenho ruim. Meu pai disse que pararia de ajudar com as mensalidades se meus resultados não melhorassem. Fiquei me sentindo mal e, naquele dia, assumi um compromisso com ele e comigo mesmo. Prometi que só tiraria A na universidade. Ele me desafiou a seguir comprometido da seguinte forma: se realmente tirasse apenas notas máximas, ele me daria US$500; se não, eu é que ficaria lhe devendo US$500.

Ao voltar, mudei radicalmente de atitude. Fui às aulas, anotei explicações, li os textos e fiz o dever de casa. Também parei de socializar tanto como no primeiro ano. Acabei conseguindo tirar apenas notas A. Os US$500 já foram gastos faz tempo, mas aquele compromisso mudou a minha vida. Segui na relação do reitor, mas na de melhores alunos da instituição, e nunca mais saí de lá até me formar.

Minha história é um grande exemplo de compromisso. Um compromisso é uma promessa pessoal. Manter as promessas para com os outros constrói confiança e relacionamentos sólidos, enquanto manter promessas feitas consigo mesmo forma caráter, autoestima e sucesso.

> "A menos que um compromisso seja feito, há apenas promessas e esperanças; porém, não há planos."
>
> — Peter Drucker

Uma definição de compromisso que me agrada é "o estado de estar ligado emocionalmente ou intelectualmente a um rumo de ação..." (extraído da quarta edição do *American Heritage Dictionary*). Sob essa perspectiva, trata-se de uma escolha consciente para agir de modo a criar um resultado desejado.

Intuitivamente sabemos que a capacidade de manter compromissos é essencial para a execução eficiente de tarefas e o alto rendimento, mas muitos fracassam de forma regular. Parece que, quando as coisas ficam difíceis, achamos motivos para não nos mantermos comprometidos, mudando o foco para outras atividades. Muitas vezes o nosso interesse diminui quando as coisas se complicam. É importante entender que existe uma diferença entre interesse e compromisso: quando você está interessado em fazer alguma coisa, segue adiante apenas quando as circunstâncias permitirem, mas quando você está comprometido com alguma coisa, não aceita desculpas, apenas resultados.

Quando nos comprometemos a algum objetivo, fazemos o que normalmente não faríamos. Esquecemos do *se* e pensamos apenas em *como* conseguir. O compromisso tem grande poder, mas há vezes em que todos temos dificuldade para nos comprometer.

Abaixo estão as quatro características principais para compromissos bem-sucedidos:

1. **Forte desejo:** para comprometer-se plenamente com alguma coisa, você precisa de uma razão clara e pessoalmente convincente. Sem um forte desejo, você vai sofrer quando se deparar com dificuldades de implementação, mas a presença de um faz com que obstáculos aparentemente intransponíveis sejam vistos como desafios a serem cumpridos. O resultado desejado precisa ser significativo o suficiente para ajudá-lo a superar os tempos difíceis e mantê-lo no caminho certo.

2. **Ações fundamentais:** uma vez tendo o forte desejo de conseguir alguma coisa, você terá então que identificar as ações fundamentais que produzirão o resultado esperado. No mundo de hoje, muitos se tornaram espectadores em vez de participantes. Precisamos lembrar que o que *fazemos* é o que conta.

Na maioria dos esforços, sempre há diversas ações que o ajudam a atingir seu objetivo. Porém, geralmente há algumas poucas atividades que contam para a maioria dos resultados, e em alguns casos existem apenas uma ou duas ações fundamentais que acabam produzindo o resultado. É fundamental que você identifique essas últimas e se concentre nelas.

3. **Tenha consciência dos custos:** compromissos exigem sacrifício. Qualquer esforço inclui benefícios e custos. Muitas vezes nos comprometemos a alguma coisa sem considerar os custos e as dificuldades que terão de ser superadas para realizar o seu desejo. Custos podem incluir tempo, dinheiro, risco, incerteza e desconforto, entre outros. Identificar os custos antes de se comprometer lhe permite decidir conscientemente se você está disposto a pagar o preço do seu compromisso. Ao se deparar com qualquer um desses custos, é extremamente importante reconhecer que você os antecipou e decidiu que atingir seu objetivo valeu a pena.

4. **Aja com base nos compromissos, não nos sentimentos:** haverá momentos em que você não sentirá vontade de fazer as atividades fundamentais. Já aconteceu com todos nós: acordar às 5h30 para correr no frio do inverno pode parecer assustador, especialmente quando a cama está quentinha. É em momentos como esse que você tem de aprender a agir com base nos compromissos em vez dos sentimentos. Se não, nunca construirá qualquer ímpeto e acabará preso em um recomeço constante ou desistindo, como frequentemente acon-

tece. Aprender a fazer as coisas necessárias independentemente de como você se sente é uma doutrina fundamental para o sucesso.

Muitas vezes os compromissos se tornam mais complicados por conta do período durante o qual são feitos. É difícil comprometer-se com alguma coisa por toda a vida — até mesmo manter uma promessa por um ano inteiro pode ser algo desafiador. Com o ano de doze semanas, você não é solicitado a fazer compromissos para toda a vida ou por um ano inteiro, mas por doze semanas. É muito mais fácil estabelecer e manter um compromisso por esse tempo que por doze meses. Ao final desse período, você reavaliará seus compromissos e começará novamente.

Os compromissos que assumimos acabam definindo nossas vidas. Eles sustentam casamentos, criam relacionamentos duradouros, guiam nossos resultados e ajudam a formar nosso caráter. É simplesmente incrível saber que, ao dizer que fará alguma coisa com a qual precisará se comprometer consigo mesmo, não será preciso ficar com um pé atrás.

CAPÍTULO 10

Excelência a Cada Momento

Dizem que o mundo ficou menor por causa da tecnologia; acrescentaria, ainda, que ele está cada vez mais rápido. A vida parece estar cada vez mais tomada com compromissos, e isso só aumenta.

Não me entenda mal; a tecnologia é uma maravilha. Meu telefone celular tem mais capacidade de processamento e funcionalidade que o primeiro laptop que comprei, em 1998, por cerca de US$6 mil. O lado negativo é que agora temos muito pouco tempo livre nos nossos dias. Antes você aproveitava o trajeto de ida ao trabalho para dar uma acelerada e o de volta para se acalmar, mas agora a maioria passa esse tempo no telefone. O limite natural da nossa jornada está desaparecendo, mas ainda precisamos de tempo para relaxar mentalmente.

Neste novo mundo apressado, ser multifacetado se tornou uma habilidade muito bem valorizada. Para fazer com que o dia renda ao máximo, tenho de estar totalmente programado, comprometido e sempre em movimento. O medo de perder alguma coisa boa faz com que corra de uma reunião para outra, dando um ou dois telefonemas entre elas. Durante os encontros, estou constantemente checando e-mails e mensagens porque não quero perder nada e, quando falo em grupos de aplicativo, estou em contato com dois ou três ao mesmo tempo. Nem todo mundo admite que essa é a forma de lidar com o dia, mas olhe à sua volta — essa *é* a forma como a maioria das pessoas age.

Ao nos esforçarmos para não perder nada, inconscientemente acabamos perdendo tudo. Nossa atenção está espalhada por diversos assuntos e conversas, e, quando nos esforçamos para fazer tanta coisa, terminamos nos dedicando muito pouco a cada uma dessas atividades. Nós nos sentimos estressados, estafados, exaustos e desconectados. No fim das contas, essa forma de encarar a vida praticamente garante que seremos medíocres em virtude do fato de que nada recebe nossa atenção completa, inclusive os projetos, conversas e pessoas importantes.

Há tantas pessoas correndo em um ritmo rápido que não percebem a vida passar. Elas estão com o corpo em um lugar, mas a cabeça em outro. Você é mais eficiente quando está com ambos no mesmo local — quando está presente naquele momento. Atletas chamam isso de entrar no ritmo. Quando você vive o momento, pensa de forma clara e concentrada, toma decisões mais facilmente e passa de uma tarefa para a outra quase sem esforço. Quando você vive o momento, demonstra elegância e facilidade ao lidar com as coisas. Quando você está totalmente presente naquele momento, conectado ao *agora*, a vida é mais agradável.

> "A melhor coisa sobre o futuro é que ele vem um dia de cada vez."
>
> — Abraham Lincoln

Você não pode mudar o passado ou agir no futuro. O momento atual — o eterno agora — é tudo o que você tem. É no agora que você pode afetar o que lhe acontece para o resto da vida. O futuro é escrito neste instante, nossos sonhos acontecem neste momento.

Eu e minha esposa, Judy, somos sobreviventes de câncer. Aqueles que já lidaram com isso, seja você ou algum membro de sua família, sabem muito bem o quão rápido você passa a apreciar o presente. O fato é que a vida acontece e deve ser vivida a cada momento; no fim das contas, a excelência é criada a cada instante.

AGINDO A CADA MOMENTO

Assim como muitas pessoas pelo mundo, a cada quatro anos acompanho os Jogos Olímpicos para ver grandes atletas fazerem coisas incríveis. Alguns anos atrás, enquanto assistia aos eventos, o seguinte pensamento passou pela minha cabeça: quando um campeão se torna importante? Obviamente, quando atinge um alto nível de desempenho para conquistar a medalha de ouro. Mas fui além no pensamento: cheguei à conclusão de que a excelência não chega com o resultado e sim muito antes dele, quando uma pessoa opta por fazer as coisas que ela sabe que deve fazer.

Seguiremos com o atleta Olímpico como exemplo. Ele se torna importante não quando quebra um recorde mundial e ganha uma medalha. É nessa hora que o mundo o reconhece, mas, na verdade, o evento é apenas uma prova da sua excelência. O atleta atingiu esse patamar meses ou até anos antes, quando decidiu correr um pouco além, nadar voltas extras ou dar mais um salto.

Afirmaria que Michael Phelps não atingiu a excelência ao conquistar sua medalha de ouro de número dezoito na natação, ou sequer a primeira — ele chegou lá quando decidiu fazer as coisas que lhe permitiriam vencer. Ele conseguiu isso no momento em que decidiu se esforçar mais nos treinos, gastar mais horas na academia e na piscina, e comer os alimentos de que seu corpo precisava em vez dos que queria, fortalecendo sua determinação mental. Os ouros foram simplesmente uma prova de sua excelência. Na verdade, Phelps atingiu esse status muitos anos antes.

Resultados não são a obtenção da excelência, apenas a confirmação dela — você chegou lá muito antes de eles mostrarem isso. Ela acontece em um instante, naquele momento em que você escolhe fazer as coisas que precisa para ser importante.

> "Permita que ele, que deveria ter um bom futuro, não desperdice nada do seu presente."
>
> — Roger Ward Babson

Considero relevante o fato de que a diferença entre excelência e mediocridade com base em dias ou semanas é pequena, mas a diferença nos resultados futuros é enorme. A diferença entre excelência e mediocridade para um vendedor representa dois ou três compromissos extras por semana, cinco ou dez telefonemas por dia ou três horas de uma semana de trabalho de 45 passadas trabalhando no *seu* negócio. Para um gerente ou líder, é reconhecer o bom trabalho de mais uma pessoa a cada dia, delegando uma tarefa em vez de fazê-la você mesmo, gastando três horas da sua semana em prioridades estratégicas, elogiando e estimulando alguém que esteja com dificuldades. Essas diferenças parecem pequenas a cada dia ou semana, mas são significativas a longo prazo.

Deus deu a cada um de nós a capacidade de atingir a excelência. O que faz um campeão é a disciplina para fazer aquelas coisas extras mesmo quando não está a fim — e especialmente nesse caso.

Não importa como você foi no passado ou tem sido atualmente: é possível ser grande, a partir de hoje, simplesmente escolhendo fazer as coisas que sabe que devem ser realizadas. Não é mais complicado que isso, de verdade. No fim das contas, você atinge a excelência naquele momento ou não.

No primeiro capítulo, escrevi sobre as duas vidas que temos: a que vivemos e a que somos capazes de viver. Não se acomode com nada abaixo da vida que você pode ter. Comprometa-se a atingir a excelência diariamente e veja o que pode acontecer em apenas doze pequenas semanas.

CAPÍTULO 11

DESEQUILÍBRIO
INTENCIONAL

O ano de doze semanas é poderoso e pode mudar vidas. Embora a maioria dos exemplos deste livro seja voltada à aplicação do método no aspecto profissional, ele pode ser igualmente usado em todas as áreas da sua vida.

Um desafio que muitas pessoas têm de encarar é como equilibrar nosso tempo e energia — entre trabalho e família, serviços à comunidade e lazer, exercícios e descanso, hobbies e obrigações. Muito tempo e esforço dedicados a uma só área podem trazer esgotamento e uma sensação geral de falta de realização. Você começa a sentir que um aspecto da sua vida está sugando sua energia, roubando sua alegria e fazendo com que você desvie do seu real propósito na vida. Não é à toa que tanta gente vem buscando formas de recuperar o equilíbrio.

> "O desafio do equilíbrio entre trabalho e vida pessoal é, sem dúvida, uma das dificuldades mais significativas enfrentadas pelo homem moderno."
>
> — Stephen Covey

Se interpretada literalmente, a expressão *equilíbrio de vida* é, de certa forma, um contrassenso. É normal pensar que seu objetivo seria o de gastar a mesma quantidade de tempo e energia nas muitas áreas da sua vida, mas isso não acontece na prática — e não necessariamente faria com que ela fosse do jeito que você deseja. Tentar dedicar o mesmo tempo a cada aspecto é improdutivo e frequentemente frustrante. Equilibrar a vida não é gastar o mesmo tempo em cada área; é mais sobre o *desequilíbrio intencional*.

É possível alcançar equilíbrio quando você é objetivo em relação a como e em que gastará seu tempo, energia e esforço. Muitas vezes na sua vida, você preferirá se concentrar em uma área em vez de outra. Isso é perfeitamente compreensível, desde que seja intencional. A vida tem diferentes estações, cada uma com o próprio conjunto de desafios e benefícios.

> "Não existe equilíbrio entre trabalho e vida pessoal. Há escolhas de trabalho e vida pessoal, você as faz e elas têm consequências."
>
> — Jack Welch

O ano de doze semanas é um método maravilhoso para ajudá-lo a viver uma vida de desequilíbrio intencional. Muitos dos nossos clientes o usam para se concentrar em alguns aspectos importantes de suas vidas e evoluir. Pense no que seria diferente se pudesse se concentrar em alguns aspectos-chave de sua vida a cada doze semanas, obtendo progressos significativos.

Pense em sua saúde e condicionamento físico. O que seria diferente se você dedicasse as próximas doze semanas para melhorar nesse aspecto? Uma opção é estabelecer uma meta nesse período, montando um planejamento. Nesse cenário, você pode traçar diversas estratégias para executar a cada dia ou semana, tais como:

- Fazer vinte minutos de exercícios cardiovasculares três vezes por semana.

- Fazer musculação três vezes por semana.
- Beber pelo menos seis copos de água por dia.
- Limitar a ingestão diária de calorias para 1,2 mil.

A outra opção também inclui uma meta em doze semanas. Porém, em vez de montar um planejamento, você identifica uma ação *fundamental* (ou essencial) e se compromete a realizá-la nesse tempo. Em alguns casos o plano funciona melhor, enquanto em outros a ação fundamental é mais produtiva.

Mas e nos relacionamentos com seu cônjuge ou companheiro(a), família e amigos mais próximos? Você pode usar o ano de doze semanas para construir relações melhores, ou criar um clima de romance com seu(sua) parceiro(a). Como essas relações podem ser diferentes se você se comprometeu a fazer progressos reais ao longo das próximas doze semanas? Trata-se de fazer algo simples, como marcar semanalmente um encontro a dois ou uma noite em família, e seguir assim pelas próximas doze semanas. É realmente incrível o que você consegue atingir em apenas doze semanas quando se compromete a realizar uma ação específica.

Considere áreas da vida como a espiritual, financeira, emocional, intelectual e do convívio em comunidade. Possivelmente essa seja a hora de tirar as finanças do vermelho ou terminar aquele curso que deixou de lado. Ou você talvez estivesse pensando em escrever um livro, começar uma fundação ou aprender uma nova língua. Você pode até não conseguir cumprir esses objetivos em doze semanas, mas certamente fará um grande progresso. Dividir suas metas maiores em segmentos de doze semanas não só lhe permite evoluir constantemente, mas também comemorar os marcos ao longo do caminho. Quando você está fazendo progressos reais, sente uma satisfação maior, fica com a sensação de dever cumprido e segue motivado para ver o projeto até sua conclusão.

Para decidir em que se concentrar, pegue sua visão primeiro e em seguida se avalie nas sete áreas do equilíbrio da vida (espiritual, com o cônjuge/parceiro, familiar, em comunidade, física, pessoal e profissional). Gosto de usar uma escala de 1 a 10 para avaliar meu nível de satisfação. Uma nota 10 representa o melhor que posso ser em um aspecto — em outras palavras, significa "maravilhoso" na minha opinião. Por outro lado, uma nota 1 seria "terrível". Veja que estou usando minhas definições de sucesso e de satisfação como base para a avaliação. Por exemplo, se você é solteiro e está feliz assim, pode se dar uma nota 10 na categoria de relacionamentos.

Cada uma dessas áreas é uma fonte de energia ou serve apenas para esgotá-lo. Pense nisso: se sua vida profissional é estressante, cheia de incerteza e pouco satisfatória, ela o afetará no aspecto pessoal. Por outro lado, se sua profissão lhe garante uma boa renda e você gosta do que faz, isso cria energia e entusiasmo para todas as outras áreas, o que terá um efeito positivo.

O ano de doze semanas tem o poder de multiplicar sua renda e patrimônio material em duas, três ou até quatro vezes. Ele também pode ajudá-lo a obter a mesma proporção de melhora em qualquer aspecto que escolher. Utilize o ano de doze semanas em todas as áreas de sua vida e se prepare para ver grandes coisas acontecerem!

Anime-se!

PARTE II

COLOCANDO TUDO JUNTO

A segunda parte desta obra passa mais alguns conhecimentos e reúne mais de uma década de aprendizado sobre o que é preciso para aplicar os fundamentos da execução de forma consistente. Fornecemos ferramentas comprovadas, modelos e dicas para ajudá-lo a usar o método do ano de doze semanas de uma forma eficaz e atingir seus objetivos.

> "Daqui a um ano, você vai desejar que tivesse começado hoje mesmo!"

CAPÍTULO 12

O Sistema de Execução

O ano de doze semanas é um sistema de execução que o ajuda a atuar no melhor de sua performance a cada dia, criando clareza e foco no que mais importa e um senso de urgência para fazê-lo agora. Com ele, a maioria das coisas importantes é feita dia após dia. Cumprir isso por um tempo não é nada demais, porém, quando você junta todos os dias — ou semanas —, os resultados se acumulam como juros, e em apenas doze semanas você pode estar em uma posição muito diferente, tanto pessoal como profissionalmente.

Conforme você foi lendo a primeira parte deste livro, pode ter notado que, além de reestruturar seu ano em doze semanas, há uma série de elementos fundamentais que também foram discutidos. Na verdade, existem oito elementos que acreditamos ser essenciais para o alto desempenho em qualquer situação. São eles:

- Perspectiva
- Planejamento
- Controle de processos
- Acompanhamento
- Uso do tempo
- Responsabilidade
- Compromisso
- Excelência a cada momento

Nesta seção, organizamos esses elementos em três princípios e cinco disciplinas. Acreditamos que arrumá-los assim o ajudará a entender melhor como operam como um sistema holístico, tornando mais fácil a aplicação de forma consistente.

Um dos desafios relativos a esses elementos é que muitas pessoas sabem o que eles são, mas saber e fazer são duas coisas bem diferentes. Conforme você aprende a aplicá-los de forma mais eficiente nos âmbitos profissional e pessoal, ficará surpreso ao ver o que pode atingir e a velocidade com que pode chegar lá.

Três Princípios

O ano em doze semanas tem como base três princípios que acabam por determinar a eficiência e o sucesso de uma pessoa. São eles:

1. Responsabilidade
2. Compromisso
3. Excelência a cada momento

Vamos dar uma olhada melhor em cada um.

Responsabilidade: definitivamente, responsabilidade é *propriedade*. É um traço característico, uma forma de ver a vida, uma disposição para assumir suas atitudes e resultados independentemente das circunstâncias. A própria natureza da responsabilidade se baseia na compreensão de que cada um tem sua liberdade de escolha, e é ela que é a base da responsabilidade. O objetivo final da responsabilidade é perguntar a você mesmo seguidamente: "O que mais posso fazer para obter o resultado?"

Compromisso: um compromisso é uma promessa pessoal. Manter as promessas feitas aos outros constrói confiança e relacionamentos sólidos, enquanto fazê-las consigo mesmo forma caráter e autoestima, além de levá-lo ao sucesso.

Compromisso e responsabilidade estão associados. De certa forma, o compromisso é a prestação de contas visando ao futuro. É a propriedade de uma ação ou resultado futuro. Construir sua capacidade de compromisso tem consequências importantes para seus resultados pessoais e profissionais. O ano em doze semanas o ajuda a construir a capacidade de cumprir compromissos críticos e atingir resultados inovadores em todas as áreas.

Excelência a cada momento: como escrevi no Capítulo 10, a excelência não é alcançada quando acontece um grande resultado, e sim muito antes, quando a pessoa escolhe fazer o que é necessário para ser importante. Os resultados não são a *obtenção* da excelência, apenas a confirmação dela — você chegou lá muito antes de eles demonstrarem isso. Ela acontece naquele instante em que você opta por fazer as coisas que precisa para ser grande, e a cada momento em que se mantém nesse caminho.

Esses três princípios — responsabilidade, compromisso e excelência a cada momento — formam a base para o sucesso pessoal e profissional.

CINCO DISCIPLINAS

O ano em doze semanas envolve tanto sua forma de pensar como a de realizar ações. No nível de execução, ele se concentra na capacitação dentro de um conjunto de disciplinas de sucesso necessárias para realizar ações de forma eficiente. Descobrimos que os melhores desempenhos, sejam de atletas ou profissionais do mundo empresarial, são grandes não porque as ideias são melhores, mas porque a disciplina para sua *execução* é melhor. As cinco disciplinas são:

1. Perspectiva
2. Planejamento
3. Controle dos processos
4. Acompanhamento
5. Uso do tempo

O método do ano em doze semanas o ajudará a implementar essas disciplinas de uma forma a impulsionar seu conhecimento e habilidade, promovendo uma ação consistente.

Perspectiva: uma perspectiva atraente cria uma imagem clara do futuro. É fundamental que sua visão profissional esteja alinhada e permita que você também vislumbre a perspectiva pessoal. Essa sintonia garante uma conexão emocional importante, que promove um compromisso constante e ação contínua.

Planejamento: um planejamento eficiente esclarece e permite que você se concentre nas iniciativas e ações de prioridade máxima necessárias para chegar à perspectiva. Um bom plano é construído para facilitar a implementação de forma eficiente.

Controle dos processos: consiste em um conjunto de ferramentas e eventos que ligam suas ações diárias às ações críticas do seu planejamento. Esses recursos garantem que a maior parte do seu tempo seja gasta em atividades estratégicas e que gerem dinheiro.

Acompanhamento: guia todo o processo. É a âncora para não nos desgarrarmos da realidade. Um acompanhamento eficiente capta tanto os indicadores de vantagem como os de atraso, que dão as informações necessárias para uma melhor tomada de decisão.

Uso do tempo: tudo acontece no contexto do tempo. Se você não o controla, então você não tem controle sobre seus resultados. Usar seu tempo com intenções claras é mais que necessário.

É importante que você veja como essas cinco disciplinas estão interligadas. Se não tiver uma perspectiva clara e atraente, então as outras disciplinas pouco importarão porque você não está vivendo uma vida planejada, e sim regida pelo acaso. Se possui perspectiva e nenhum plano, então você tem um sonho impossível. Se tem perspectiva e um planejamento, sem um controle dos processos eles resultarão em muita frustração, porque você conseguirá executar ações e progredir em alguns dias, mas em outros não. Se tem todas essas disciplinas, mas não tem coragem de fazer um acompanhamento, então não há uma forma de saber o que está funcionando e o que não está. Não há como você fazer ajustes imediatos para acelerar seu sucesso. Finalmente, se consegue assimilar todas as disciplinas e não sabe seu propósito na hora de dizer sim e dizer não, então o dia está controlando você.

O Ciclo Emocional da Mudança

Implementar o ano de doze semanas requer uma mudança e elas são desconfortáveis. É conveniente entender o processo emocional pelo qual passamos quando estamos diante de uma mudança para que ela não nos tire do foco. Sempre que decidimos fazer uma mudança em nossas vidas, passamos por uma montanha-russa de emoções. Os psicólogos Don Kelley e Daryl Connor descrevem esse fenômeno em um artigo chamado *The Emotional Cycle of Change*. O chamado ciclo emocional da mudança descrito pelos autores inclui cinco fases de experiência emocional que exploraremos aqui (com pequenas mudanças baseadas na nossa experiência). Independentemente da mudança que escolher fazer, acabará experimentando esse ciclo. Você pode optar por novos relacionamentos, compras, empregos e lugares no ciclo, e ele será sempre o mesmo. Às vezes os pontos altos são maiores, e às vezes os pontos baixos são ainda menores; ou o ciclo é menor e em outras ocasiões ele fica maior, mas em todos os casos você passará por esse ciclo quando decidir fazer uma mudança em sua vida (Figura 12.1).

Há cinco fases pelas quais as pessoas passam emocionalmente quando mudam seu comportamento:

I. Otimismo desinformado
II. Pessimismo informado
III. Vale do desespero
IV. Otimismo informado
V. Sucesso e realização

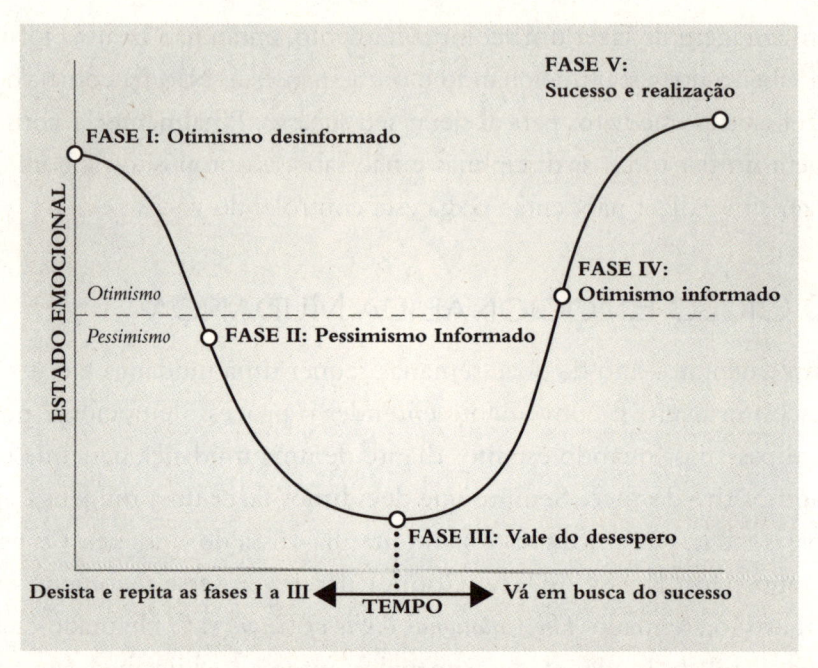

Figura 12.1 O ciclo emocional da mudança que usamos é adaptado do modelo de ciclos de mudança de Kelley e Connor, com base na interação com nossos clientes implementando o ano de doze semanas.

A primeira etapa da mudança é sempre a mais empolgante, já que imaginamos todos os benefícios e não passamos por nenhum dos prejuízos ainda. Nossas emoções são levadas pelo nosso *otimismo desinformado,* que está na área emocional positiva do gráfico. Você só vê o lado bom da mudança e nada de ruim, então essa etapa é divertida. Você está pensando em ideias e montando uma estratégia para conseguir criar o novo nível de resultados que deseja.

Infelizmente, o otimismo desinformado não dura muito tempo. Conforme você aprende mais sobre a realidade do que é necessário para a mudança, as intenções positivas podem rapidamente desaparecer. A etapa seguinte da mudança, o *pessimismo informado*, é caracterizada pela troca para um estado emocional negativo. Nesse ponto, os benefícios não parecem tão reais, importantes ou imediatos, e os prejuízos da mudança ficam aparentes. Você começa a se perguntar se realmente vale a pena todo o esforço para mudar e começa a buscar motivos para deixar o esforço de lado. E se isso já não é ruim o suficiente, as coisas ficam ainda piores.

Chamo o terceiro estágio de *vale do desespero*, quando a maioria das pessoas desiste. Toda a dor da mudança é sentida, e os benefícios parecem muito distantes ou pouco importantes — e há uma forma fácil e rápida de encerrar o desconforto: voltar à forma como as coisas eram feitas. Depois de tudo, você chega à conclusão de que *não estava tão ruim antes*.

Caso desista da mudança quando estiver no vale do desespero, você volta para a primeira etapa, o otimismo desinformado, que é muito mais divertida!

É justamente nessa etapa — o vale do desespero — que ter uma perspectiva atraente é fundamental. Quase todos nós já tivemos momentos na vida em que queríamos tanto alguma coisa que estávamos dispostos a pagar qualquer preço e superar qualquer obstáculo para consegui-la. Talvez tenha sido seu primeiro carro, a faculdade que você sempre quis cursar, a pessoa com quem queria casar ou o trabalho dos seus sonhos. Seja o que for, você quis tanto que pagou o preço do seu próprio conforto para conseguir. Querer tornar sua visão realidade, somado ao comprometimento e aos recursos e eventos do controle de processos, é a forma de passar do vale do desespero rumo à próxima fase da mudança.

O quarto estágio é o *otimismo informado*. Nessa etapa, sua chance de sucesso é muito maior. Você volta à área emocional positiva do ciclo. Os benefícios das suas ações começam a dar frutos e os prejuízos da mudança diminuem, porque sua nova forma de pensar e executar começam a se tornar parte da rotina. O fundamental nessa fase é não parar!

Sucesso e realização formam o estágio final do ciclo. Nele, os benefícios do seu novo comportamento já foram sentidos e os problemas trazidos pela mudança foram praticamente extinguidos. As atitudes inicialmente desconfortáveis e complicadas se tornaram rotina. A cada hora em que completa o ciclo, você constrói não apenas sua capacidade de executar, mas também a confiança. Agora, você pode partir para a próxima mudança que quer implementar com uma chance maior de ser bem-sucedido.

O ciclo emocional da mudança é a descrição do impacto emocional que ela traz. Ao ter consciência desse ciclo, você tem menos chance de perder o rumo diante de emoções negativas e pode lidar com a mudança de forma mais eficiente.

Sistema Fechado

O ano em doze semanas é um *sistema fechado*, que contém tudo o que você precisa para ser bem-sucedido.

No nosso seminário de dois dias, pedimos que os participantes listem tudo o que eles precisam para se destacar. Em seguida, colocamos todos esses itens em um quadro. Geralmente a relação tem mais de vinte elementos e acaba enchendo de uma a duas folhas de papel. Quando passamos por cada item, cada um deles é representado nestas disciplinas e princípios; é por isso que, se você implementar totalmente o método de um ano em doze semanas, como um sistema completo, você apresentará somente melhoras.

O problema é que nem todo mundo implementa o método como um sistema. Muitas vezes as pessoas aplicam alguns elementos e deixam outros de lado. Como em qualquer sistema, o todo é extremamente maior do que a soma das partes. Aplicar e impulsionar qualquer um dos princípios ou disciplinas será benéfico, mas os grandes resultados aparecem quando todos eles são usados de forma integral. Quando introduzido dessa forma, o ano em doze semanas vira um sistema de autocorreção capaz de criar uma trilha de passos que lhe permite identificar quaisquer problemas e tomar medidas de correção em tempo hábil. É um sistema de prática deliberada projetado para a melhoria contínua.

Além de ser um sistema fechado, o ano em doze semanas também facilita a mudança. Quando você passa a operar de acordo com o método, ele torna quaisquer mudanças posteriores ainda mais fáceis. Vamos usar um computador como analogia: você pode comprar o melhor software possível, mas esses programas não valerão nada se o seu sistema operacional não estiver funcionando. Todos nós já vivemos isso alguma vez quando a impressora não funciona, o documento não abre ou o computador trava.

Quando você "instala" o ano em doze semanas como seu sistema operacional, ele impulsiona os seus outros sistemas profissionais. Por exemplo, a maioria das empresas tem sistemas de marketing, vendas, produtos, serviços, tecnologia e outros processos empresariais. Sem um sistema para executá-lo, acabamos nos apegando aos já existentes porque são familiares e previsíveis — especialmente ao lidar com mudanças. Quando o ano de doze semanas é seu sistema operacional, ele apoia os outros processos para quando a mudança vier — e ela virá — você não ficar diante de um transtorno massivo (Figura 12.2). Em vez disso, você será capaz de incorporar novos sistemas com a mesma facilidade com que instala software *plug and play* na sua máquina.

As pessoas precisam de estabilidade; precisamos que algumas coisas sigam da mesma forma. Ao usar o ano de doze semanas como sistema operacional, as coisas permanecem iguais. Ele garante uma plataforma consistente para implementar iniciativas corporativas e mudanças na dedicação sem o caos que sempre acompanha situações assim. Para uma pessoa, é como uma doutrina diária que não muda. O ano de doze semanas não é mais uma coisa a fazer, e sim a forma de fazer tudo acontecer!

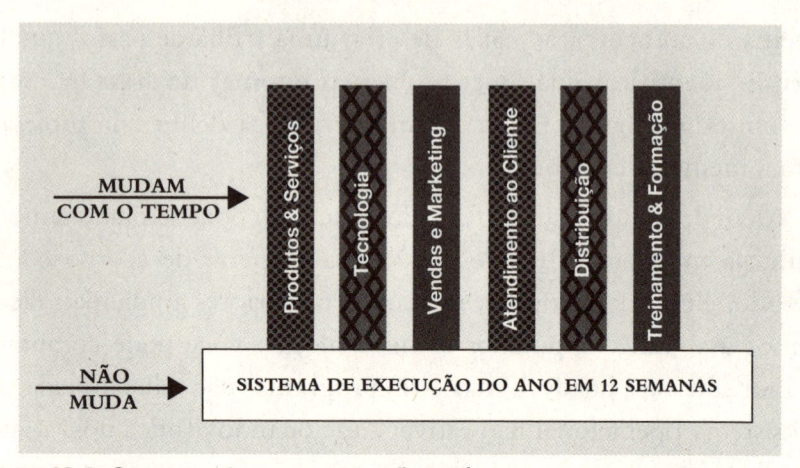

Figura 12.2 O ano em doze semanas não está preso a todas as outras coisas que você tem de fazer. Para que funcione em longo prazo, precisa se tornar o sistema a ser usado para que todo o resto seja cumprido. Ele deve se tornar seu sistema de execução.

Nos próximos capítulos, nós nos aprofundaremos em relação às disciplinas e princípios do ano de doze semanas. Daremos uma visão ainda maior, bem como recursos e exercícios que pode usar para aplicá-los de forma eficaz e conseguir mais em doze semanas do que a maioria das pessoas em doze meses.

CAPÍTULO 13

ESTABELEÇA SUA PERSPECTIVA

O primeiro passo para gerar ideias inovadoras com o ano de doze semanas é traçar uma grande perspectiva para você. Esse exercício deve ser divertido e inspirador. Ela deve ser crítica porque haverá dias em que você simplesmente não sentirá vontade de tomar nenhuma medida com relação ao seu plano. Com isso, você precisará de uma razão importante para seguir concentrado e é aí que entra a perspectiva.

Amigo e cliente de longa data, Sal Durso tem uma visão pessoal sobre o poder da perspectiva:

> Temos feito os ensinamentos do ano em doze semanas há anos em nossa firma. Tornou-se algo instintivo para nós, é a forma como fazemos as coisas e permanecemos concentrados mesmo quando obstáculos aparecem.
>
> Há pouco tempo, a empresa perdeu grande parte de sua receita por conta da saída de um grupo dos nossos principais consultores, que levou seus clientes com eles. Como você pode imaginar, foi um período extremamente difícil para a firma e isso me impactou tanto pessoalmente como profissionalmente. Aqueles que nos deixaram não eram apenas colaboradores, mas amigos de longa data, e a perda foi muito sentida por todos os que permaneceram.
>
> Eu poderia ter feito o papel de *vítima* e colocado toda a culpa pela perda naqueles que tinham saído. Ok, olhando para trás talvez tenha

tido essa atitude de *por que eu* por uns dias, mas acabei sendo tomado pelo desejo e perspectiva de construir um negócio que sobrevivesse além da minha administração.

Foi durante aquela época que fiz uma viagem no verão, muito necessária, ao incrível estado do Alasca. Enquanto estava lá, mudei meu pensamento intencionalmente e refleti sobre as coisas que tornaram a minha vida tão infinitamente maravilhosa. Um relacionamento com um Deus que me ama, uma esposa e família que deixaria qualquer homem orgulhoso e uma empresa que se aproxima de uma marca que poucos verão — cinquenta anos operando de forma rentável!

Como parte dessa viagem, fizemos uma fantástica descida de barco pelo rio Kennicott. Enquanto navegávamos em meio às corredeiras e víamos magníficas paisagens, um mar de flores roxas incrível apareceu. Elas estavam espalhadas pela encosta da montanha, até onde os nossos olhos podiam ver. Nosso guia disse que ela era chamada de epilóbio e, poucos anos antes, toda aquela área tinha sido destruída por um incêndio florestal. Quando esse "cobertor roxo" aparece, é o primeiro sinal de que a floresta está se regenerando. Aquilo me encheu de admiração e de um senso de esperança e expectativa pela vegetação que estava por vir. Aparentemente, até a natureza tem uma forma de criar uma perspectiva do que acontecerá a seguir.

Ocorreu-me, então, que em vez de contemplar os restos carbonizados da nossa perda, tínhamos de nos concentrar nos novos sinais de renascimento em nosso negócio. Como líder da organização, ficou claro para mim que nossa firma precisava da mesma visão que tinha acabado de presenciar e era meu papel proporcionar isso.

Ao retornar animado e renovado para meu escritório, passei grande parte das semanas seguintes conversando com cada membro da nossa equipe, perguntando o que eles achavam que tornava a nossa organização única e o que pensavam sobre o futuro. Essas discussões e horas de contemplação me ajudaram a desenhar uma visão que acabou se tornando nosso campo de epilóbios um ano depois — a luz que orienta nossa companhia.

Um ano depois do nosso incêndio, as plantas cresceram e as mudas jovens que nos tornarão mais fortes do que nunca estão germinando. Nossa equipe de liderança, assessores e funcionários dizem que nossa empresa é um lugar melhor por conta do que aconteceu há um ano. Como líder, sei que a perspectiva com a qual estamos todos comprometidos é o agente de mudança que moldará nossa organização nos anos seguintes. O verdadeiro sucesso acontecerá quando as pessoas ligadas a uma visão comum trabalharem juntas para um resultado comum. Mais tempestades de fogo podem vir, mas nossa perspectiva e fé nos levarão adiante.

Sal viu o poder da perspectiva para criar movimento e progresso, e tomou medidas. Muitas pessoas não percebem o potencial da visão para criar a energia emocional necessária para inspirar uma ação positiva; mesmo em um ambiente de terra carbonizada. Você se vê como ele, em meio à terra carbonizada? Ou está indo bem, mas gostaria de alçar voos maiores? Em ambos os cenários, uma perspectiva convincente é uma força importante para mover você adiante.

As visões mais poderosas abordam e alinham suas pretensões pessoais com as profissionais. No fim das contas, sua perspectiva profissional muitas vezes banca e permite que você vislumbre a visão pessoal. Para que a sua perspectiva o ajude a superar o desconforto da mudança, você tem de ser claro com relação ao que quer criar na vida. Muitas pessoas se concentram primeiro no seu negócio ou na carreira, mas sua empresa é apenas parte da sua vida, e é realmente sua visão dela como um todo que dá rumo e relevância ao seu empreendimento.

As melhores perspectivas são enormes. Nossa experiência diz que não se chega a nada importante sem que isso seja precedido primeiro por uma grande visão. Todas as realizações da humanidade, da medicina à tecnologia e das viagens espaciais à internet, foram primeiro imaginadas para depois serem criadas. Todas as suas grandes realizações pessoais também devem ser precedidas por importantes visões. Por isso, desafiamos você a sonhar grande e imaginar o que considera como verdadeira grandeza. Sua perspectiva deve ser grande o suficiente para deixá-lo ao menos um pouco desconfortável.

IMPOSSÍVEL, POSSÍVEL, PROVÁVEL, ENTREGUE

Infelizmente, quando imaginamos um futuro que é significativamente maior do que nossa realidade atual, começamos a pensar que se trata de algo impossível para nós. Vemos outras pessoas que conseguiram coisas maravilhosas, mas iniciamos um pensamento de que não há nenhuma forma de *nós* chegarmos lá. Quando você começa a imaginar uma conquista significativa que está muito além das obtidas no passado, a pergunta feita imediatamente por muitos é a seguinte: "Como faria isso?" Ainda tão cedo no processo, essa pergunta não é a mais apropriada. O fato é que você não sabe como fazer, ou já teria colocado em prática e vivido essa realidade. Por não ter essa noção, cria-se a sensação de que aquilo é impossível, ao menos para você, fazendo com que comece a pensar nas novas metas em uma escala que vai da impossibilidade à certeza. Sua capacidade de executar é maleável nessa mentalidade. O problema é que, se você *pensa* que alguma coisa é impossível, nunca a alcançará. O empresário norte-americano Henry Ford, que revolucionou a indústria automobilística, disse: "Se você pensa que pode ou pensa que não pode, você está certo." Com isso, o primeiro passo para alcançar seus maiores sonhos é mudar do pensamento impossível para um possível. E você faz isso não perguntando *como*, e sim *e se?* O que seria diferente para você e sua família, amigos, equipe, clientes e sua comunidade? Ao se perguntar *e se*, você se dá permissão para considerar a possibilidade e começa a ver os benefícios. Conforme faz isso, o desejo se intensifica e a porta rumo às brechas futuras abre bem pouco, mas o suficiente para que você automaticamente comece a mudar do pensamento impossível para o possível.

Uma vez que você veja que a visão é possível, começa então a mudar para o próximo nível: provável. Isso acontece ao fazer a pergunta que evitamos mais cedo: *"Como eu poderia?" Como* não é um questionamento ruim; na verdade, é perfeitamente bom, mas o momento de fazê-lo é fundamental. Faça-o muito cedo e pode acabar com todo o processo, mas uma vez que veja sua perspectiva como possível, o *como* se torna uma dúvida essencial. Se a pergunta *e se?* diz respeito à visão, questionar *como* está ligado ao planejamento.

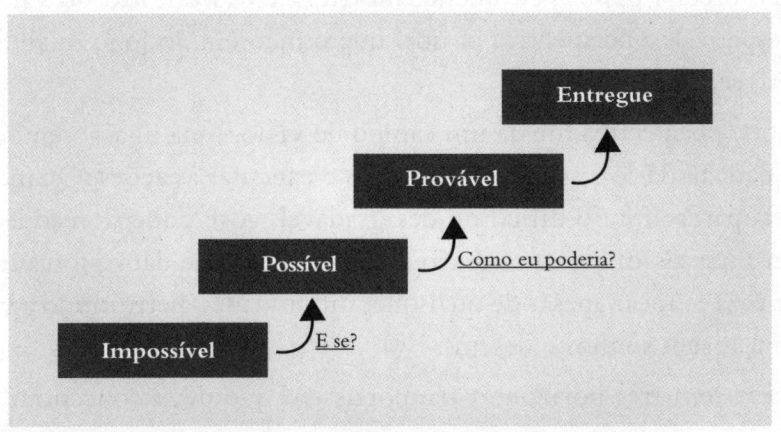

Figura 13.1 O caminho da execução é, inicialmente, uma trilha de pensamentos. Se você acha que alguma coisa é impossível, ela será. O mais importante é acreditar que você pode alcançar seus objetivos.

A mudança final na sua forma de pensar para criar uma perspectiva eficiente é passar do *provável* para o *entregue*. Essa mudança acontece naturalmente, conforme você começa a implementar as ações planejadas. *Entregue* é um estado de espírito poderoso, em que qualquer dúvida se foi e, mentalmente, você já está posicionado nos resultados. Ao ver que as metas começam a se materializar, seu pensamento quase todo muda automaticamente para *entregue* (veja a Figura 13.1).

Elaborando Sua Perspectiva

As melhores perspectivas são as que equilibram sua vida pessoal e profissional. Geralmente a paixão vem de sua visão pessoal e ela é também a fonte de energia que ajuda você a superar as dores da mudança e do vale do desespero. Para você inovar e chegar ao próximo nível, precisa passar pelo medo, incerteza e desconforto do vale do desespero. É a perspectiva pessoal que o mantém no jogo quando as coisas se tornam difíceis.

Sua perspectiva lhe dá um campo de visão, uma ligação emocional para ajudá-lo a superar os desafios e executar as ações. Quando a tarefa parece muito difícil ou desagradável, você pode se reconectar com a sua visão. É essa conexão emocional que lhe dará a força interior para avançar apesar de quaisquer dificuldades, permitindo a você alcançar seus sonhos e desejos.

Existem três horizontes temporais em que deve concentrar sua perspectiva:

1. Aspirações de longo prazo
2. Metas de médio prazo, daqui a aproximadamente três anos
3. Doze semanas (assunto do próximo capítulo)

Visão Aspiracional

Então, vamos começar com a visão aspiracional de longo prazo. Ao estabelecer sua perspectiva, você precisa deixar sua mente se expandir para imaginar, e até mesmo abraçar, as possibilidades que muitas vezes são deixadas de lado em nossas vidas dia após dia por não serem imediatas o suficiente para atrair nossa atenção, por se apresentarem pouco práticas ou muito audaciosas para se considerar, e muito menos procurar. Pare por alguns minutos agora e pense em todas as coisas que você quer ter, fazer e ser na vida. O que é mais importante para você fisicamente, espiritualmente, profissionalmente e pessoalmente? Quanta liberdade de tempo você quer? Qual é a renda que deseja ter? Escreva tudo o que conseguir pensar em uma folha de papel; não deixe nada fora dela.

Agora, pegue os itens da sua página que se conectam a você emocionalmente e construa uma perspectiva para sua vida cinco, dez e quinze anos à frente no futuro. Seja ousado, seja corajoso; crie uma visão de vida que o inspire e cumpra seu propósito. Não há respostas certas ou erradas. Essa é a vida que você deseja intensamente.

VISÃO ASPIRACIONAL

- ____
- ____
- ____
- ____
- ____
- ____
- ____
- ____

Visão Daqui a Três Anos

Agora que fizemos você pensar sobre as possibilidades de sua vida, seremos específicos. Com base na sua perspectiva em longo prazo, o que você deseja alcançar nos próximos três anos? Descreva com o máximo de detalhes possível como seria uma vida pessoal e profissional *maravilhosa* daqui a três anos. Quanto mais específico você for nessa fase, mais fácil será criar seus objetivos e planejamento para doze semanas.

VISÃO DAQUI A TRÊS ANOS

- ____
- ____

- • ____
- • ____
- • ____
- • ____
- • ____
- • ____

MUDANÇA DE PENSAMENTO

Por sua natureza, a perspectiva é um exercício de pensamento, mas sua forma de vê-la terá impacto no nível em que você se aproveita e se beneficia dela.

A ideia predominante, que acaba por limitar a visão, diz que ela é frívola e leve, além de insignificante na equação do sucesso e obtenção de resultados. Como você já sabe, não é bem o caso. Quando acionada corretamente, a perspectiva é o botão de ignição e fonte de energia do alto rendimento. É o mais importante *por que* por trás do que você faz. Vista dessa forma, ela tem o poder de capacitar a pessoa a encarar e dominar seus medos, tomar medidas consistentes ousadas e ter uma vida relevante.

Deixar de ver a perspectiva como algo brando e entender que ela é o maior de todos os pré-requisitos é uma mudança fundamental no pensamento, que trará imensos benefícios. Quando entender seu verdadeiro poder, você desejará gastar mais tempo se conectando à própria visão para começar a se livrar das limitações autoimpostas que o prendiam. A perspectiva é o ponto de partida de todo o alto rendimento.

IMPLEMENTAÇÃO EM EQUIPES

Embora a perspectiva seja geralmente um exercício intensamente pessoal, um gerente muitas vezes pode tomar ações específicas que ajudarão os integrantes de sua equipe a potencializar as próprias visões. Ela é o melhor ponto de partida para todos os relacionamentos de mentoria baseados no desempenho porque cria propriedade. Se seus comandados assimilarem suas respectivas visões, será muito mais fácil para eles assumirem também os objetivos e o planejamento de estratégias. É um passo fundamental: sem ele, as metas e planos propostos serão os seus, e não os deles.

Reveja as perspectivas dos integrantes da sua equipe em sessões individuais. Peça permissão para analisar as visões profissionais de cada um deles. Busque saber as razões pelas quais eles consideram essa perspectiva tão importante. Explore o que o cumprimento das metas profissionais lhes permitirá fazer no âmbito pessoal. Questione o nível de propriedade e conexão emocional deles com a visão apresentada.

PERGUNTAS QUE REVELAM O NÍVEL DE PROPRIEDADE

- Por que os elementos da sua perspectiva são importantes para você?
- Se tornar a perspectiva realidade, o que poderá fazer que não é capaz agora?
- O que será diferente para você, sua família, amigos, colegas de trabalho, clientes ou para a comunidade caso atinja aquele objetivo?
- Você está disposto a se comprometer com as ações necessárias para cumprir sua perspectiva?
- Com quem você compartilhou sua perspectiva?
- Com que frequência você olhou para sua perspectiva desde que a escreveu?
- Que medidas você precisa tomar para progredir em sua visão e alcançar sua meta para o período de doze semanas?

- Que riscos ou obstáculos podem entrar no seu caminho e atrapalhá-lo a cumprir sua perspectiva e metas?
- Como posso melhor apoiá-lo e ajudá-lo a atingir suas metas e perspectiva?

Uma vez que eles tenham a propriedade clara de suas perspectivas, o próximo passo é ajudá-los a construir um plano de ação para torná-las realidade. A seção de como fazer planos de doze semanas, no Capítulo 14, ajudará nesse passo.

Ao conduzir sessões individuais de mentoria com seus funcionários, (e recomendamos que faça isso pelo menos uma vez por mês), comece a conversa falando sobre a perspectiva deles. Há progressos? Converse sobre a disposição deles para fazer as ações diárias necessárias para chegar lá. Se eles não estiverem dispostos a encarar as medidas difíceis, coloque diante deles um cenário no qual não terão cumprido sua visão em longo prazo. A interrupção é uma questão de propriedade. Quando uma pessoa reluta em tomar as atitudes necessárias para atingir uma meta, é um sinal de que preza mais pelo seu atual conforto do que pelo futuro descrito na perspectiva. Nesses casos, as pessoas têm algumas opções: podem diminuir suas expectativas na vida ou encontrar a coragem e disciplina para executar as estratégias de forma consistente. A boa notícia é que, sempre que seus colaboradores se depararem com esse momento, retomarão o rumo e escolherão a visão de longo prazo em vez da mediocridade.

PERSPECTIVAS COLETIVAS

Como um líder, é importante que você estabeleça uma perspectiva coletiva para sua empresa, área funcional ou grupo. Não estamos falando sobre aquela visão que é uma frase e acaba pregada em um quadro na parede. A perspectiva coletiva é semelhante à visão individual na medida em que ela descreve o destino em um momento no futuro.

Por ser um grupo, você optará por estabelecer algumas coisas sobre o que é mais importante. Isso é feito de forma mais eficiente se cada um trabalhar primeiro nas visões individuais e depois todos se juntarem para criar uma perspectiva em comum.

Ao criar a perspectiva da equipe, você usará muitas das mesmas dinâmicas que utilizou na criação de suas visões pessoais. Comece com o longo prazo, pedindo que todos falem sobre como um grande escritório ou empresa seria no futuro. Peça para que sejam o mais específicos possível e que atribuam valores numéricos quando puderem. Dê a todos a chance de compartilhar seus pensamentos e depois restrinja o horizonte, olhe três anos adiante e trabalhe em conjunto para determinar os elementos específicos que farão parte da visão e os que não.

ARMADILHAS COMUNS E DICAS PARA O SUCESSO

Armadilha 1: você não leva o poder da perspectiva a sério.

Algumas pessoas, especialmente as mais competitivas, acham que a perspectiva é uma grande bobagem. Aqueles que pensam assim tendem a deixar de lado o propósito e cair dentro da ação. O problema é que, quando as coisas ficam difíceis, é mais complicado se manter comprometido com o trabalho em longo prazo porque não há uma razão aparente, um *porquê* convincente. Os comportamentos associados a essa armadilha não o deixam colocar sua perspectiva à frente, não alinham seus planos a ela e não lhe permitem lembrar o que há nela.

Armadilha 2: a perspectiva não é significativa para você.

Às vezes somos superficiais ao elaborar nossa perspectiva. Assimilamos o que pensamos que queremos — o que achamos que supostamente queremos — em vez de o que é significativo para nós. Estabelecer uma perspectiva leva tempo. Continue trabalhando nisso até que você tenha algo com que possa se conectar emocionalmente.

Armadilha 3: sua perspectiva é muito pequena.

Uma perspectiva pequena não exige nossos melhores esforços. Não temos de alcançá-la e não precisamos sacrificar nosso conforto. Ela pode até ser cumprida, mas deixamos de dar o nosso melhor. Para ser mais eficaz, a perspectiva deve deixá-lo desconfortável e desafiá-lo a fazer as tarefas de outra forma e, no fim, realizar coisas diferentes.

Armadilha 4: você não alinha sua perspectiva às ações diárias.

Cada dia representa uma oportunidade de evoluir rumo à perspectiva ou jogá-la fora. Se seu plano está alinhado a ela, você pode ter certeza de que está trabalhando nas coisas mais importantes diariamente.

Você elaborou sua perspectiva e se certificou de que estava evitando esses erros comuns. Agora, veja três importantes medidas para torná-la ainda mais importante:

Dica para o sucesso 1: compartilhe com os outros.

Compartilhar sua perspectiva aumenta seu compromisso com ela. Ao falar para outra pessoa o que quer da vida, você se sente com mais responsabilidade para agir.

Dica para o sucesso 2: mantenha contato com sua perspectiva.

Imprima um papel com sua perspectiva por escrito e mantenha-o com você. Revise-o a cada manhã e atualize-o sempre que descobrir formas de torná-la mais intensa e significativa para você.

Dica de Sucesso 3: viva com propósito.

Ao final de cada dia, tire alguns minutos para refletir sobre o progresso que fez hoje. Será que ele o levou adiante? Ou acabou tomado por atividades sem relação à perspectiva? Tome atitudes com um propósito para evoluir na perspectiva. O que você vai fazer amanhã?

CAPÍTULO 14

Desenvolva seu Plano de Doze Semanas

Este capítulo o guiará na montagem do seu primeiro plano de doze semanas. Antes de você criá-lo, é preciso definir e comprometer-se à sua perspectiva. Se ainda não fez isso, não deixe de voltar ao Capítulo 13, "Estabeleça Sua Perspectiva", para se preparar para definir uma meta eficaz em doze semanas e criar um planejamento sólido para chegar lá.

Planejamento é Vantajoso

A menos que seu trabalho seja reativo por natureza, é difícil argumentar contra o valor do planejamento. Ele permite que você destine tempo e recursos para as oportunidades de valor mais alto, aumenta suas chances de atingir objetivos com mais sucesso, ajuda a coordenar sua equipe e cria uma vantagem competitiva.

Apesar dos benefícios comprovados, nem todos trabalham com base em um plano. Uma razão para isso é que muitas pessoas têm uma forma de agir. Ao mesmo tempo em que isso pode ser bom, também pode ser um obstáculo para a execução eficaz. Podemos ficar impacientes e querer continuar as coisas muito rapidamente. Um planejamento com eficiência leva algum tempo para ser feito e requer certo esforço. Apesar de parecer contraditório, gastar tempo para planejar o futuro pode reduzir significativamente o prazo total e o esforço para a conclusão de uma tarefa.

Outra razão pela qual muitas pessoas não trabalham com base em um planejamento é um pensamento mais ou menos assim: *"Já sei o que preciso fazer, então não preciso de um plano para executar"*. Superficialmente isso até soa razoável, mas infelizmente quase sempre há uma distância entre o que as pessoas sabem e o que elas fazem. Por exemplo, muitas pessoas querem melhorar sua forma física, e praticamente todas sabem que, para isso, é preciso uma dieta saudável e exercício, porém, lamentavelmente a maioria não consegue. Isso acontece porque simplesmente *saber* o que fazer não é suficiente. O mundo é barulhento, coisas inesperadas acontecem, distrações surgem, nosso desejo interno por conforto (preguiça) nos ataca e perdemos o foco nas tarefas que sabemos que devemos fazer.

É por isso que, para aumentar suas chances de sucesso, uma das medidas mais importantes que você pode tomar é criar e trabalhar a partir de um planejamento *escrito*.

Planejar-se para cada doze semanas não é útil apenas no mundo dos negócios. Um plano bem escrito pode impactá-lo positivamente em praticamente qualquer área da sua vida. J.K. McAndrews conta esta pequena história sobre seu filho e o ano de doze semanas.

Meu filho Kevin está no último ano da Louisiana State University e, há alguns anos, ele estava tendo problemas sérios para balancear seu tempo entre os estudos, sua fraternidade e o trabalho no time de futebol americano. No intervalo para as festas de fim de ano, acabei ensinando a ele os princípios básicos do ano em doze semanas. A partir do semestre seguinte, ele começou a traçar metas bem definidas, com táticas e estratégias para atingi-las. Desde então, ele me envia um planejamento semanal todos os domingos à noite, e até deu seu próprio toque pessoal ao achar uma frase que o inspira para aquela semana em particular. As notas dele melhoraram e, principalmente, ele tem tido um foco melhor nas suas metas, está mais organizado e definitivamente aprendeu o termo *excelência a cada momento*.

DIVISOR DE ÁGUAS

Fazer uso do ciclo de execução do ano em doze semanas cria um valor maior ao tempo. Nesse período, cada dia é valioso para alcançar seus objetivos. O preço de cada momento vira o foco quando temos apenas doze semanas no ano *inteiro*. Uma das vantagens da aplicação do método é aprender a agir no presente, porque é nele que o futuro que você viverá é criado.

No entanto, viver cada momento da sua vida pode ser feito de duas formas diferentes: reativamente ou proativamente. Se é reativo, corre o risco de realizar tarefas abaixo do ideal porque você responde a estímulos recebidos — o toque do telefone ou do alerta de e-mail, uma nova tarefa que aparece, alguém que bate à sua porta, e por aí vai. Naquele instante, é difícil saber quais são as principais atividades porque você geralmente não escolhe entre as boas e as ruins, e sim entre as de mais e menos valor, cuja classificação quase sempre não é clara no calor do momento.

É por isso que o planejamento em doze semanas é tão vantajoso. Com um plano baseado em ações, você não tem de confiar em estímulos para iniciar as tarefas; em vez disso, seu plano é que serve de gatilho para a execução. Suas escolhas de ação são feitas proativamente no começo do período, quando você cria o plano. Resumindo, um planejamento em doze semanas o ajuda a fazer mais as *coisas certas* a cada dia, além de contribuir para alcançar suas metas mais rápido e com melhor impacto.

Outra vantagem do planejamento de doze semanas é um foco feroz e constante nas poucas ações fundamentais que guiam seus resultados. Você não consegue buscar uma série de coisas diferentes com eficiência em um ano de doze semanas simplesmente porque não há tempo suficiente para fazer tudo. Nesse período, você se concentra apenas no número mínimo de ações que são mais importantes para atingir seu objetivo.

Você também se beneficia com o planejamento de doze semanas por conta do prazo curto. Há menos incerteza porque existe menos tempo, o que faz com que você precise se planejar de forma eficiente no nível de ação. Geralmente, planos anuais não têm base em atitudes porque é quase impossível prever a ação necessária para daqui a quatro meses ou mais. Essa é uma grande vantagem do ano de doze semanas.

Devido ao aumento da incerteza, a maioria dos planos anuais é baseada em objetivos e acaba não sendo executada como descrita no papel. Planejamentos anuais típicos dizem *o que* deve ser feito, mas não explicam *como*. Quando o como não é definido claramente, você perde o senso de propósito e pode facilmente assumir mais do que pode fisicamente.

Os *como* apresentados diariamente e semanalmente pelo planejamento de doze semanas são o que o tornam mais fácil em termos de execução. Quando você chega às ações do seu plano, está se preparando para o sucesso.

Veja como nosso amigo Patrick Morin descreve sua experiência com o planejamento em doze semanas.

Minha paixão pelo ano em doze semanas começou com um desafio para perder cerca de 17kg que simplesmente não conseguia eliminar. O objetivo do período, a estratégia e as táticas se encaixaram perfeitamente para a resolução do meu irritante problema com peso, além de me darem exatamente as ferramentas certas para encarar um triatlo. Depois de atingir o objetivo e me empolgar com minha forma física, busquei outras formas de usar o ano de doze semanas.

Naquela época, estávamos arrecadando dinheiro para uma *startup* no setor de saúde. Tínhamos começado com determinação em janeiro, escrevendo todos os documentos necessários e preparando o produto. O processo estava demorando mais do que esperávamos e continuamos a ter de financiar a empresa internamente. Estava levando meus recursos e paciência ao limite.

Achei que seria a situação perfeita para implementar o ano em doze semanas.

Em uma segunda-feira no início de junho, reuni minha equipe sênior para planejar isso. O objetivo fundamental era bem claro: para que a ideia (e a empresa) *sobrevivesse,* teríamos de terminar o memorando de colocação privada e arrecadar o dinheiro pelas próximas doze semanas. A conjuntura econômica na época era mais bem descrita como sendo "sombria". Em geral, investidores eram difíceis de encontrar, e isso exigiria um esforço hercúleo.

A perspectiva para a empresa era clara; o próximo passo seria o de um plano de doze semanas para obter um financiamento. Precisávamos *esquecer* o trabalho árduo dos seis meses anteriores e nos concentrarmos apenas nas doze semanas que estavam por vir.

Usando o grito de guerra "cada dia é uma semana", terminamos um memorando de colocação privada de cem páginas na primeira semana. Mandamos para o nosso jurídico revisar e, sete dias depois, recebemos o sinal verde. Foi aí que a verdadeira energia entrou em ação.

Entrando em contato com uma rede de centenas de pessoas que cada um de nós conhecia pessoalmente, achamos um grupo disposto a investir e fechamos a primeira fase em 10 de outubro!

A energia criada em torno desse empenho seguiu por meio dos nossos esforços de desenvolvimento, e cada um dos nossos projetos foi adaptado ao método do ano em doze semanas. A cadência da empresa foi comentada por investidores, funcionários e oficiais.

UM BOM PLANO PROMOVE UMA EXECUÇÃO SÓLIDA

Imagine dirigir pelo país usando um mapa que tem curvas fora de ordem, junta diversas instruções em uma e omite grandes trechos do caminho. Você provavelmente terá vontade de dar um soco na pessoa que passou essas orientações e preferirá parar para pegar informações melhores, ou desistir e voltar para casa frustrado.

Pode parecer uma bobagem, mas tenho certeza de que você se surpreenderia com o número de pessoas que cria planos de negócio tão ruins como o mapa que acabei de mencionar! O tempo todo vemos planos em que faltam passos, juntam processos demorados em uma única estratégia e apresentam tarefas fora de ordem. Pior ainda, em vez de especificar as ações necessárias para alcançar a meta, muitas vezes o planejamento não passa de uma série de pensamentos e ideias. Seria como dirigir de Miami para Chicago usando informações como "entre no carro e dirija no caminho rumo a Chicago". Instruções como essa são muito comuns e impedem que você realize as tarefas.

Escrever um plano de doze semanas eficaz é fundamental para conseguir coisas maravilhosas em apenas doze semanas. O planejamento define as ações que precisará tomar em cada semana das doze para alcançar sua meta.

Capacidade de Longo Prazo contra Resultados de Curto Prazo

Planos podem criar capacidade para o futuro e gerar resultados em curto prazo. Cada planejamento deve ter uma meta para gerar resultados nas doze semanas atuais. Se o plano é para o seu negócio, isso significa que ele deve sempre ter como objetivo a renda a ser obtida nesse período.

Alguns planos também podem ter como objetivo construir capacidade para o futuro. Entre essas metas estão a busca por educação, contratação de pessoal, atualização de tecnologia e implementação de novos sistemas, entre outras. Esforço e recursos para construir capacidade acontecem imediatamente, enquanto os benefícios são materializados em algum momento no futuro. Por isso que é importante ter sempre uma atividade no seu plano que crie os resultados necessários em curto prazo.

Estrutura Eficaz do Planejamento

A estrutura do plano a ser escrita importa se você quiser se preparar para ser bem-sucedido. Um bom plano começa com um bom objetivo. Se a sua meta não for específica ou mensurável, o planejamento também será vago. Quanto mais precisos e determináveis forem seus objetivos para as doze semanas, mais fácil será traçar um plano.

Muitas empreitadas de doze semanas são compostas de duas ou três metas. Por exemplo, uma delas pode ser perder cerca de 5kg, e a outra de gerar US$105 mil em novos negócios. Cada uma dessas metas, então, vira um alvo no planejamento, para o qual você escreve táticas. As táticas para o objetivo da perda de peso são ações específicas que precisa fazer para chegar ao número desejado. Para isso, suas ações podem ser *limitar a ingestão de calorias para 1,2 mil por dia e fazer vinte minutos de cardio três vezes por semana*. Perceba que essas ações começam com um verbo e são frases completas. A forma como você escreve seus objetivos e táticas importa. Seu objetivo de conseguir os US$105 dólares deve ter outro conjunto de táticas.

Seguem cinco regras que o ajudarão a criar melhores planos de doze semanas enquanto traça objetivos e táticas:

Regra 1: faça com que eles sejam específicos e mensuráveis.

Para cada objetivo e/ou tática, certifique-se de quantificar e qualificar o seu sucesso. Quantas telefonemas dará? Quantos quilos perderá? Até onde correrá? Quanto dinheiro ganhará? Quanto mais específico você puder ser, melhor!

Regra 2: fale positivamente sobre eles.

Concentre-se no que você quer que aconteça que seja positivo. Por exemplo, em vez de focar em uma taxa de erro de 2%, você tem de buscar os outros 98% de precisão.

Regra 3: certifique-se de que eles sejam esforços viáveis.

Se você pode alcançar o objetivo sem ter de fazer nada de diferente, então provavelmente precisa se esforçar mais. Caso seja absolutamente impossível, volte um pouco atrás. Se você nunca pediu indicações profissionais na vida, uma tática como "peça indicações a cada interação com o cliente" pode ser um pouco demais. Uma abordagem mais realista, mas que ainda será um esforço, pode ser "peça uma recomendação em, pelo menos, uma reunião com clientes a cada semana".

Regra 4: aponte responsabilidades.

Isso se aplica às pessoas que estão realizando ações como parte de uma equipe (se você estiver por conta própria, a responsabilidade é toda sua). Responsabilidade individual para cada objetivo e tática é fundamental! O desafio de todos é o desafio de ninguém.

Regra 5: trabalhe com datas.

Não há nada como um prazo para começar as coisas e mantê- -las em movimento. Certifique-se de incluir uma data em que o objetivo deve ser alcançado, ou a tática realizada.

Além das regras anteriores, cada tática deve começar com um verbo, ser uma frase completa e acontecer na semana para a qual está prevista. A Figura 14.1 mostra um exemplo de plano de doze semanas.

Metas para 12 semanas
Fechar $ 105.000 em novos negócios Perder cerca de cinco quilos Melhorar meu relacionamento com Carol

Meta: fechar $ 105.000 em novos negócios	
Táticas	Prazo
Identificar melhores chances (mínimo de $ 10.000) de fechar negócio nas próximas 12 semanas	Semana 1
Ligar para ao menos cinco possíveis clientes para se reunir e marcar com ao menos três por semana	Cada semana
Realizar um mínimo de duas reuniões iniciais por semana	Cada semana
Criar uma pasta para cada chance de negócio, com os próximos passos para cada uma	Cada semana
Fazer acompanhamento com possíveis clientes semanalmente até fecharem negócio	Cada semana
Criar um gráfico de acompanhamento de vendas para botar na parede e atualizá-lo semanalmente	Cada semana
Rever resultados semanalmente e decidir se mudanças são necessárias	Cada semana

Meta: perder cerca de cinco quilos	
Táticas	Prazo
Limitar a ingestão de calorias para 1.200 ou menos por dia	Cada semana
Fazer 20 minutos de exercícios cardiovasculares pelo menos três vezes por semana	Cada semana
Beber pelo menos seis copos de água a cada dia	Cada semana
Fazer musculação três vezes por semana	Cada semana
Entrar em uma academia	Semana 1

Meta: melhorar meu relacionamento com Carol	
Táticas	Prazo
Levá-la para sair sem as crianças uma vez por semana	Cada semana

Figura 14.1 Exemplo de plano de doze semanas.

Estabeleça Seus Objetivos para Doze Semanas

Decidir para onde você está indo é o primeiro passo para chegar lá. Um planejamento eficaz definitivamente começa com um objetivo para doze semanas bem escrito, específico e mensurável — algo que você sabe que, se atingir, trará benefícios significativos; é uma meta que faz a diferença.

O objetivo em doze semanas é a ponte entre sua perspectiva e o plano para o mesmo período. Sua meta deve ter um esforço viável para você. Se não for realista, você se sentirá desestimulado. Caso não seja um esforço, o ano em doze semanas não será preciso porque sua atual forma de operar fará com que você alcance essa meta.

Agora é a hora de definir seu objetivo para doze semanas. Ele precisa estar alinhado à sua perspectiva em longo prazo e também representar grandeza para você *por si só* pelas próximas doze semanas. Comece voltando ao Capítulo 13 e revisando suas perspectivas em longo prazo e para daqui a três anos. Decida qual será o progresso que quer fazer nas doze semanas que vem por aí. Uma vez que você tenha decidido qual será seu objetivo, escreva-o.

OBJETIVO(S) PARA DOZE SEMANAS

- ____
- ____
- ____
- ____

Os melhores objetivos para doze semanas são viáveis, mas tem de haver um esforço suficiente para que exijam que você dê o seu melhor.

Por que o seu objetivo para doze semanas é importante para você? Se o cumprir, o que será diferente?

____
____
____
____
____

Escrevendo Seu Plano de Doze Semanas

Agora é a hora de escrever seu primeiro plano de doze semanas. O planejamento é o roteiro necessário para chegar aos objetivos para o período. Os melhores planos se concentram em uma ou duas coisas em que você quer evoluir pelas próximas doze semanas. Quanto menos objetivos e ações semanais existirem, mais fácil será executar o planejamento.

Como dizia o general norte-americano George Patton: *"Um bom plano hoje é melhor que um plano perfeito amanhã."* Não analise demais o conteúdo do seu planejamento. Não se preocupe se ele não for perfeito — não há planos perfeitos. Uma vez que você tenha um bom planejamento, a execução das táticas o ajudará a saber o que funciona melhor, para que você possa aprimorá-lo a partir daí.

Tenha em mente que, em seu nível mais básico, o planejamento trata apenas da resolução de problemas. Seu plano resolverá a questão de como reduzir a distância entre seus resultados hoje e o objetivo para doze semanas.

Para começar, escreva seu primeiro objetivo como meta 1. Anote cada objetivo extra separadamente. Você pode chegar à conclusão de que tem apenas um objetivo; não tem problema. A seguir, para cada uma das metas, defina as ações diárias e semanais de maior prioridade que você deve tomar para atingi-la. Para fazer isso, pode ser útil colocar em uma outra folha de papel todas as coisas que você pode fazer, e aí escolher aquelas que terão o maior impacto. Algumas ações podem estar se repetindo (por exemplo, "fazer exercícios a cada dia"), enquanto outras acontecerão apenas uma vez nas doze semanas ("matricular-se em uma academia", por exemplo). Para essas ações que decidir implementar, escreva-as como frases completas, começando com um verbo e descrevendo a atitude que pretende tomar. Finalmente, especifique na coluna "Semana Prevista" a semana (de 1 a 12) em que você pretende realizar cada ação.

Objetivo 1:

Táticas	Semana Prevista

Objetivo 2:

Táticas	Semana Prevista

Objetivo 3:

Táticas	Semana Prevista

Antes de escrever seu plano, pergunte a você mesmo as seguintes questões:

- **Com quais ações você terá dificuldades?**

  ___
  ___
  ___
  ___

- **O que você fará para superar essas dificuldades?**

  ___
  ___
  ___
  ___

Mudança de Pensamento

Sem um plano bem escrito, você está preparando o campo para uma execução ruim. A forma como você pensa sobre o próprio planejamento afeta a qualidade dele e do seu sucesso geral no ano em doze semanas. Vamos dar uma olhada em alguns colapsos mentais comuns que podem atrapalhá-lo na sua jornada.

A maioria das pessoas sabe que deve trabalhar com base em um plano, mas se sua experiência tem sido a de o plano raramente virar realidade, elas não perderão tempo para traçar uma estratégia bem-sucedida. Se esse tem sido o seu caso, lembre-se de que um plano de doze semanas é bem diferente. Ele se resume a ações críticas que você precisará tomar a cada semana para alcançar sua meta. As atitudes fazem toda a diferença em um plano. Você pode não agir segundo os objetivos ou metas que formam um típico planejamento de doze meses, mas é capaz de fazer as ações de um roteiro de doze semanas.

Outra barreira mental para o planejamento eficaz é que você não tem tempo suficiente para planejar. Essa forma de pensar é comum, mas é falha. Há alguns anos, participei de um estudo informal que mostrou o benefício de tempo que o planejamento traz. Se você se dedica a planejar antes de iniciar uma tarefa complexa, reduz o tempo total necessário para concluí-la em até 20%.

Implementação em Equipes

Como um líder de equipe, ter todos envolvidos com o ano em doze semanas pode ser uma experiência transformadora. Imagine se todos assumissem completamente suas visões aspiracionais e objetivos para doze semanas. O que seria diferente para você se seu time estivesse constantemente atuando no melhor de sua forma semana após semana?

Existem algumas coisas que você pode fazer como gerente para ajudar seus comandados a entrar rapidamente no ano de doze semanas e com maior impacto. O primeiro passo é pedir a eles que leiam *Um Ano em Doze Semanas*, fazendo com que eles trabalhem nos modelos de perspectiva e planejamento. Depois de eles terem definido ambos, organize uma reunião particular com cada pessoa de sua equipe para definir suas metas e planos para doze semanas. O propósito desse encontro é refinar os planos deles e estabelecer seu papel para ajudá-los a alcançar sua meta de doze semanas.

Comece as reuniões individuais com cada membro da equipe falando sobre as metas de doze semanas dele. Eles as assumiram para si ou estão apenas interessadas nelas? O objetivo é viável e, ao mesmo tempo, representa algum esforço? Acreditam que podem atingi-lo? Faça *sugestões* apropriadas para mudar o objetivo se for necessário, mas tenha certeza de que a meta segue sendo deles, e não sua, se quiser que eles o assumam.

Uma vez discutido o objetivo de doze semanas, mude para o plano tático. Ao dar conselhos para seu time, tente manter os planos deles focados no menor número de objetivos e táticas necessários para chegar a cada objetivo. Veja as regras descritas no início do capítulo para escrever metas bem-feitas e táticas para ideias em como ajudá-los a melhorar seus planos.

Planejamento em Equipe

Seja como gerente ou membro de uma equipe, às vezes é necessário criar metas e planos conjuntos. Muitas vezes, um planejamento eficaz em equipe pode impulsionar talento e recursos de forma mais eficiente que uma estratégia individual.

O processo de planejamento em equipe é semelhante ao do individual, com a exceção de que o time define uma meta e constrói um plano em conjunto. Peça a opinião dos outros para definir um objetivo geral para as doze semanas. Finalize o processo com a equipe e garanta que eles assumam esse compromisso tanto individual como coletivamente.

Em seguida, discuta ideias para traçar as táticas necessárias para alcançar cada objetivo; depois, escolha o menor número possível de ações que, quando executadas, atingirão o objetivo.

É importante que cada tática tenha uma pessoa como responsável mesmo que muitas outras também estejam trabalhando nela. Responsabilidade individual pelas táticas usadas é fundamental para guiar o processo de execução do time. No entanto, se uma delas é feita individualmente por diversos dos seus integrantes, você será mais bem atendido se atribuir uma parte da meta geral para cada pessoa. Por exemplo, se a ação for a de realizar vinte reuniões de prospecção por semana e a equipe tiver quatro membros, cada um deve ficar responsável por cinco delas.

Seguem mais dois conselhos ao fazer planejamentos coletivos: Primeiro, não superestime a capacidade da sua equipe. Os melhores planos conjuntos são sucintos e apresentam a quantidade mínima de atividades para atingir a meta coletiva, nada além disso. Em segundo lugar, não sobrecarregue o planejamento no início do processo; se possível, distribua igualmente as ações ao longo de todas as doze semanas.

ARMADILHAS COMUNS E DICAS PARA O SUCESSO

Não deixe que essas cinco armadilhas comuns tirem você do rumo às realizações:

Armadilha 1: seu plano para doze semanas não está alinhado com sua perspectiva em longo prazo.

É importante que suas metas e planejamento para as doze semanas estejam alinhadas com sua perspectiva em longo prazo, e sejam uma extensão dela. Ao definir suas metas, tenha certeza de que elas estão conectadas à sua visão e determine onde você precisa estar ao final do período para estar no mesmo ritmo do que previu para o futuro.

Armadilha 2: você não está ficando concentrado.

Foco é fundamental. Se você traça muitos objetivos, acabará com muitas prioridades e táticas a serem executadas de forma eficaz. Nem tudo tem de ser uma prioridade. Você precisará dizer não para algumas coisas para ser grande no que realmente importa. Lembre-se, cada doze semanas representa um ano novo. Imagine se a cada período desse você identificasse uma ou duas áreas fundamentais, e corresse atrás delas com paixão e foco.

Então, ao final do período de doze semanas você terá identificado uma ou duas novas áreas para se concentrar. O ano de doze semanas é feito para ajudá-lo a se concentrar em algumas poucas áreas fundamentais e obter progressos significativos em um curto período.

Armadilha 3: você não faz as escolhas difíceis.

Para cada meta, não é raro identificar oito, dez ou mais táticas (ações) que poderia realizar para seguir rumo ao objetivo. Na maioria dos casos, implementar cada tática que você consiga lembrar não é necessário e, na verdade, pode ser um obstáculo. Embora ajude muito juntar todas as ideias que você pode pensar, não quer dizer que você tem de implementar todas. Tentar executar muitas táticas pode desgastá-lo e deixá-lo se sentindo sobrecarregado. Apesar disso, é importante lembrar que não há um número certo de táticas. Assim como acontece com seus objetivos, a regra é a de que menos é mais. Se você puder realizar o objetivo com quatro táticas, então não precisa de cinco. Junte ideias sobre todas as táticas que você puder alcançar, e aí então escolha as poucas que são decisivas.

Armadilha 4: você não mantém as coisas de forma simples.

A tarefa de planejar pode ser muito complexa. Em algumas empresas, departamentos inteiros existem apenas pelo único propósito de traçar planos estratégicos. Para o propósito de *Um ano em Doze semanas,* mantenha as coisas de forma simples. Se achar que as coisas estão ficando complicadas pelo mundo, mantenha-as de forma simples. Concentre-se em algumas áreas fundamentais e nas ações que pode fazer para atingir a meta.

Armadilha 5: você não o torna algo significativo.

Você deve construir seu plano em torno dos itens mais importantes ou terá pouca movimentação na fase de implementação. Muitas vezes as pessoas constroem seu plano em torno dos objetivos que alguém acha que são importantes. Embora executar seu plano não seja complexo, também não é necessariamente fácil. Se seu planejamento não tem significado para você, terá problemas para executá-lo. Tenha a certeza de que se concentrará nas áreas que mais importam.

CAPÍTULO 15

Implementando o Controle de Processos

O ano de doze semanas começa com uma perspectiva, e a partir dela você estabelece um conjunto de metas para o mesmo período. Com base nelas, monta um plano para doze semanas. E aí vem o controle de processos.

O ex-pugilista norte-americano Mike Tyson dizia que todos têm um plano até levarem um soco na boca. O controle de processos traz uma série de ferramentas e eventos que ajuda você a trabalhar no plano — mesmo se tomar uma pancada.

Garantindo que as Coisas Sejam Feitas

Não é suficiente apenas ter perspectiva e planejamento. Se ambos estão voltados para ajudá-lo a atingir um nível mais alto de desempenho, então é bem provável que você tenha táticas específicas que representam novas ações. Fazer algo novo é quase sempre desconfortável. Isso é uma das coisas que torna a mudança tão difícil. Identificar as atitudes necessárias para criar um melhor resultado é uma coisa, mas fazê-las de forma consistente é completamente diferente. Sem estrutura e apoio de quem está à sua volta, levar isso adiante é um exercício constante de força de vontade. Confiar na força de vontade pode funcionar ocasionalmente, mas estudos indicam que ela tem um fator de cansaço — e, como já aconteceu com todos nós, às vezes temos força de vontade, e outras não.

Se você quiser obter aquilo do que é capaz, não pode confiar apenas na força de vontade. O controle de processos usa recursos e situações para criar estruturas de apoio que podem aumentar a força de vontade e, em alguns casos, até tomar o lugar dela. Posso lhe garantir que o nadador norte-americano Michael Phelps, que tem mais medalhas de ouro do que qualquer outro atleta Olímpico, teve dias em que não tinha vontade de cair na piscina ou se exercitar na academia — mas acabou indo. Isso acontece porque há uma estrutura por trás dele que torna mais fácil cair na piscina do que não. Se você quer ser grande, precisa de algo assim. Portanto, esteja você com muita disciplina em um determinado dia ou não, é preciso executar o plano.

Existem dois aspectos que gostaria de compartilhar com vocês que formarão a base da sua estrutura de apoio; o primeiro é o plano semanal.

Planos Semanais

O plano semanal é uma ferramenta poderosa, que transforma o planejamento de doze semanas em ações diárias e semanais. É ele o recurso que organiza e confere foco à sua semana, é o seu plano de jogo para esse período. Não é um modelo ideal de coisas a fazer; em vez disso, ele reflete a atividade estratégica fundamental a ser feita naquela semana para que você atinja os seus objetivos.

Tenha em mente que o plano semanal é derivado do planejamento para as doze semanas. Não é algo que você cria com base no que é urgente naquele momento. Pelo contrário, ele é preenchido com as táticas do planejamento de doze semanas que têm vencimento naquela semana. Esse processo garante que o plano semanal tenha apenas as ações de natureza estratégica e crítica. O fato de o plano semanal ser guiado pelo de doze semanas, que por sua vez está diretamente ligado à sua perspectiva em longo prazo, faz com que você tenha certeza de que as ações nele contidas são, por padrão, as mais importantes. Se elas forem cumpridas, você teve uma ótima semana; se não, você perdeu uma semana. Ter esse nível de clareza a cada semana não é apenas marcante; é algo que mudará sua vida.

A Figura 15.1 mostra um exemplo de plano semanal do nosso sistema online, *Achieve!* Nele, é possível ver que cada meta individual é apontada e inclui as táticas vinculadas a ela que vencem nesta semana. Recomendamos que você faça uma cópia e coloque essas atividades fundamentais em um calendário. O plano semanal impresso se torna, então, o documento que você usa para lidar com cada dia e garantir que esses itens sejam completados naquele período.

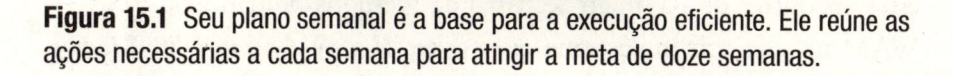

Plano para a semana 6 – Pontuação: 0

Fechar $105.000 em novos negócios
Ligar para ao menos cinco possíveis clientes para se reunir e marcar com ao menos três por semana
Realizar um mínimo de duas reuniões iniciais por semana
Fazer acompanhamento com possíveis clientes semanalmente até fecharem negócio

Perder cerca de cinco quilos
Limitar a ingestão de calorias para 1.200 ou menos por dia
Fazer 20 minutos de exercícios cardiovasculares pelo menos três vezes por semana
Beber pelo menos seis copos de água a cada dia
Fazer musculação três vezes por semana

Melhorar meu relacionamento com Carol
Levá-la para sair sem as crianças uma vez por semana

Figura 15.1 Seu plano semanal é a base para a execução eficiente. Ele reúne as ações necessárias a cada semana para atingir a meta de doze semanas.

NÃO FAÇA SOZINHO

O segundo aspecto do controle de processos é o apoio de colegas. Um artigo de maio de 2005 da revista norte-americana *Fast Company* chamado "Mude ou Morra" apresentou estudos com pacientes que tinham de mudar seu estilo de vida para continuar a viver. O triste é que, após somente doze meses, 90% dos pacientes tinham voltado ao estilo de vida antigo, não conseguindo evitar a sua morte. Mesmo diante da ameaça iminente de morrer, uma maioria esmagadora das pessoas ainda falha na hora de fazer escolhas mais produtivas de forma consistente.

Havia um grupo que tinha uma taxa de sucesso muito maior — quase sete vezes. Esses pacientes foram envolvidos em sessões de apoio de grupo e tiveram uma taxa de sucesso de quase 80%. Aqueles sem esse suporte tiveram somente 10% de sucesso. Essas estatísticas me lembram do que George Shinn, ex-proprietário da equipe de basquetebol do Charlotte Hornets, da NBA, disse uma vez: "Não há nada como um homem que consegue as coisas por esforço próprio. Você só atingirá suas metas com a ajuda dos outros." Os grupos envolvidos no trabalho de apoio de colegas se encontravam regularmente e conversavam sobre seus avanços, dificuldades e desafios. Ao encorajar um ao outro, eles geralmente permaneceram concentrados no plano. A lição que fica é a de que, se você está implementando mudanças, não faça nada sozinho. Suas chances de sucesso serão sete vezes maiores se você se fazer valer do apoio de colegas.

Ao trabalhar com milhares de clientes durante a última década, temos sentido a mesma dinâmica. Quando eles se encontram regularmente com seus colegas, têm melhor desempenho; quando isso não acontece, há uma queda. Recomendamos a formação de um grupo de duas a quatro pessoas comprometidas a se encontrar semanalmente. Chamamos esses encontros de Reunião Semanal de Responsabilidade, ou RSR — WAM na sigla em inglês, que quer dizer *Weekly Accountability Meeting*.

Supondo que você tenha lido o capítulo sobre responsabilidade, você sabe que eles não têm como objetivo *manter* uns aos outros responsáveis, e sim estimular a própria responsabilidade para executar o plano de forma consistente.

A RSR é um aspecto crítico do controle de processos. É uma reunião que geralmente acontece às segundas pela manhã, após todos terem a chance de planejar a semana, e dura aproximadamente quinze a trinta minutos. Essa não é uma sessão punitiva, em que tentamos *responsabilizar os outros* e proferir consequências negativas, ou falar mal daqueles que não têm ido bem. Ela serve para encarar possíveis falhas, reconhecer avanços, criar foco e estimular ações.

A maioria das RSR segue informalmente uma agenda padrão, mostrada abaixo. Sinta-se livre para alterá-la como achar melhor, desde que mantenha o foco na execução.

Agenda da Reunião Semanal de Responsabilidade

I. Informe individual: cada pessoa conta como está acompanhando seus objetivos e em que medida eles foram executados. Aí vão quatro áreas para nos concentrarmos:
   a. Seus resultados do ano de doze semanas até agora.
   b. Sua pontuação de execução semanal.
   c. Intenções para a semana que começa.
   d. Comentários e sugestões do grupo.

II. Técnicas bem-sucedidas: como um grupo, discuta o que tem funcionado bem e como incorporar essas técnicas ao plano de outra pessoa.

III. Incentivo.

O formato é bem direto. Cada pessoa tem alguns minutos para falar com o grupo. Você desejará comentar sobre seus resultados até o momento: está no caminho certo, à frente de onde deve estar neste momento ou atrás? Em seguida, você dirá ao grupo sua pontuação de execução semanal (e aprenderá a calcular isso no Capítulo 16). Além disso, também anunciará as intenções para a semana no que diz respeito à realização de tarefas. Finalmente, o grupo o desafiará, estimulará e fará comentários e sugestões. Depois que cada membro falar, você pode ter conversas curtas sobre o que cada um está fazendo bem e se isso pode ser usado para que os outros atinjam seus planos e metas. A RSR termina com um incentivo ao grupo visando a uma semana produtiva.

Lezlee Liljenberg aproveitou as reuniões semanais de responsabilidade para começar a redefinir a forma como sua equipe passava os dias de trabalho. Veja como descreve o processo:

> No geral, a execução dos nossos planos de doze semanas nos deixou mais conscientes de que cada dia conta! Quando começamos, atribuímos uma área de interesse a cada membro da equipe, e eles criaram um plano de ação para crescer naquele aspecto. A cada período de doze semanas, reavaliávamos essas atribuições e realinhávamos o que era preciso acontecer de acordo.
>
> As reuniões semanais de responsabilidade tiveram, provavelmente, o maior sucesso entre todas as áreas para nós. Quando a equipe começou a avaliar tudo o que tinha sido feito a cada semana, ficou mais consciente de onde passar o tempo.
>
> Decidimos ficar um dia com cada funcionário, com nosso único foco sendo como eles passavam a jornada. Ao fazer isso, conseguimos determinar onde e como eles estavam perdendo tempo. Isso também nos ajudou a tomar decisões difíceis sobre tarefas que mais tomavam tempo do que eram produtivas. O retorno do investimento em algumas dessas tarefas mostrou que elas não valiam a pena e precisavam ser cortadas. Se nós não conversássemos juntos como uma equipe a cada semana para rever nosso progresso, provavelmente nunca teríamos feito isso.
>
> Livrar-se do pensamento anualizado nos ajudou a saber que tínhamos de atingir os números mais rápido, e as RSR nos ajudaram a chegar

lá. O líder é responsável por garantir que o ano em doze semanas siga dentro do plano, e que o grupo não se distancie da perspectiva para este período. Meu conselho: vá a uma dessas reuniões e se mantenha no planejamento; seu ano em doze semanas funcionará!

Rotina Semanal

A única forma de atingir seus objetivos para as doze semanas é realizando uma ação a cada dia, de acordo com o plano. O planejamento semanal e a RSR são duas das três etapas de um processo chamado rotina semanal. Esses passos são fáceis de serem seguidos e garantirão que você execute as tarefas de cada semana, realizando as metas.

A rotina semanal consiste em três passos simples, mas importantes:

1. Avalie sua semana
2. Planeje sua semana
3. Participe de uma RSR

Etapa 1: Avalie Sua Semana

No Capítulo 16, você verá como o ano em doze semanas lhe permite avaliar sua execução de tarefas de forma eficiente com o uso de uma tabela de desempenho semanal. Essa medida, mais do que qualquer outra, é seu medidor de sucesso mais importante. Como parte de sua rotina semanal, você tirará alguns minutos por semana e dará uma nota para sua execução. Mais detalhes sobre como calcular esses números estão no Capítulo 16, mas saiba, por enquanto, que essa é uma parte fundamental da sua programação.

Etapa 2: Planeje Sua Semana

Até agora, falamos detalhadamente sobre a importância de ter e trabalhar com base em um plano semanal. Se você está usando o *Achieve!*,
o sistema automaticamente preencherá sua estratégia com as táticas
previstas para esta semana. Caso esteja utilizando um sistema em papel,
como o *Freehand*, você precisará consultar seu plano de doze semanas,
tirar as ações e passá-las para o âmbito semanal. Em ambos os casos,
não comece a semana sem um planejamento para o período.

Você precisará de quinze minutos para se dedicar a avaliar e planejar sua semana. Aproximadamente 70% dos nossos clientes fazem
isso logo na segunda de manhã. Os outros 30%, em algum momento
entre a sexta à tarde e segunda pela manhã. Na verdade, não importa
quando você faz isso, desde que marque um tempo ao qual possa se
comprometer a cada semana.

Etapa 3: Participe de uma RSR

Como discuti, sua possibilidade de sucesso geralmente aumenta bastante quando você vê um pequeno grupo de colegas regularmente.
Faça uma pequena lista daqueles com quem você gostaria de se encontrar toda semana, e depois entre em contato com essas pessoas para determinar um dia e local recorrente para vê-los. Além disso, decida se
os encontrará pessoalmente ou por telefone. Cada integrante da equipe deve colocar o RSR como um evento recorrente do calendário.

Essas três simples etapas formam a base do seu sistema de alto desempenho. Os passos são fáceis de fazer — e mais fáceis ainda se não
forem feitos. Se você encara seriamente seus objetivos, então, dedique-se a essa rotina semanal.

MUDANÇA DE PENSAMENTO

Muitas vezes as pessoas assumem que, por saberem o que precisa ser feito, não se beneficiarão com um plano semanal. Baseado em estudos e na nossa experiência com milhares de clientes, esse não é bem o caso. Um plano guardado na cabeça não é tão eficiente como um anotado em uma folha de papel. Pela nossa experiência, você tem de 60% a 80% mais chances de executar um plano escrito do que um que está em sua cabeça.

Colocar seu plano no papel elimina ambiguidade e cria transparência. Para alguns, essa transparência é terrivelmente desconfortável e cria todo tipo de pensamento pouco produtivo que pode impedi-lo de criar um planejamento claro e por escrito. A forma de pensar geralmente é assim: "Sei que preciso fazer, então não preciso escrever", ou, "preciso de mais flexibilidade que isso. Escrever apenas me limitará". Aqui vai mais uma: "Estou muito ocupado; não tenho tempo para isso." Todas as frases acima são desculpas para fugir da responsabilidade.

Algumas pessoas têm o mesmo tipo de pensamento limitado com relação às reuniões semanais de responsabilidade. Eles dizem: "Não tenho tempo para isso", ou, "Apenas pessoas fracas precisam disso". Todos esses pensamentos e comentários são cortinas de fumaça que revelam um medo maior da transparência e responsabilidade.

Não se engane: você será mais bem-sucedido se trabalhar com um plano semanal por escrito e se encontrar regularmente com um grupo de colegas! Não se iluda; você não é diferente. Para aproveitar seu tempo e sua vida ao máximo, concilie seu pensamento com os benefícios e as etapas da rotina semanal.

IMPLEMENTAÇÃO EM EQUIPES

O ano em doze semanas representa uma mudança cultural, uma nova forma de atuar. Ex-CEO da indústria automobilística norte-americana, Lee Iacocca dizia que a velocidade do líder é a mesma da equipe. Como chefe do time, você acaba por moldar a forma de pensar de sua organização por meio de suas conversas, ações e foco. O ano em doze semanas é uma mudança cultural. Para que a empresa seja bem-sucedida ao adotá-lo como sistema operacional e atinja os resultados de que você precisa, será necessário abraçar a causa.

Como a cultura é um reflexo do líder, suas ações, acima de qualquer coisa, terão maior impacto ao determinar se sua equipe adota e se beneficia completamente ou não do ano de doze semanas. Sua primeira tarefa é moldar o comportamento que quer ver neles. Isso começa com você adotando a rotina semanal, avaliando e planejando a cada semana, e participando de RSRs.

O próximo passo é avaliar individualmente os hábitos de cada membro do seu time. Eles têm um plano para cada semana? Eles têm se avaliado semanalmente? Estão participando ativamente de reuniões semanais de responsabilidade? Haverá horas em que eles terão dificuldades. É geralmente nesse momento que eles pararão de planejar e desistirão das reuniões em grupo. Isso é exatamente o contrário do que eles precisam; é fundamental que sigam comprometidos. Nestes momentos, eles precisarão da sua liderança e estímulo para seguir no jogo. Você quererá rever formalmente seus planos semanais e tabelas de desempenho pelo menos uma vez ao mês, em uma sessão de mentoria previamente marcada.

Ocasionalmente, você terá a intenção de intervir em uma das reuniões semanais de responsabilidade, passando algumas instruções e incentivo. Mantenha-se positivo. Reconheça e comemore os primeiros êxitos, mantendo o foco na execução.

ARMADILHAS COMUNS

Não deixe que essas armadilhas comuns acabem com o seu sucesso.

Armadilha 1: você não planeja a cada semana.

Começar a semana com tudo cria motivação e ajuda você a ser mais produtivo ao longo dela. Muitas vezes, a segunda-feira é um dia repleto de estresse e podemos sentir isso quando ela começa. Frequentemente no início da semana vamos direto checar e-mails, mensagens e quaisquer coisas nos esperando.

Além de simplesmente cair dentro da semana, outras coisas podem atrapalhar na hora de reservar algum tempo para planejá-la — incluindo uma mentalidade negativa. Talvez um dos seguintes pensamentos tenha deixado você mais devagar:

- **Você não tem tempo para isso.** Você acha que está simplesmente muito ocupado e fará isso mais tarde, porém essa hora nunca chega.

- **Você não precisa disso.** A forma errônea de pensar que, de alguma forma, você é uma exceção e não precisa de um plano de jogo para a semana. Veja como o tempo vai embora rapidamente!

- **Você está acima disso.** Pensar que um plano semanal é apenas para iniciantes, e que alguém em sua posição não precisa dele.

- **Você já sabe disso.** Pensar que você já sabe o que tem de fazer, então não há nenhum benefício em escrever ou planejar as coisas.

- **Você não quer se responsabilizar.** Para alguns, trabalhar com base em um plano semanal por escrito cria um nível de desconforto porque ele sempre os lembrará de que não estão fazendo o que eles sabem que deveriam fazer.

Armadilha 2: você inclui todas as suas tarefas.

O plano semanal não inclui tudo o que você faz no seu trabalho, apenas os itens estratégicos do seu plano de doze semanas. Você deve ter uma folha separada com sua lista de coisas e contatos a fazer. Não enfraqueça o plano adicionando todas as atividades menos importantes que faz durante o dia. Mantenha o plano só para itens e compromissos estratégicos.

Armadilha 3: você assume que cada semana é a mesma coisa.

Outro erro que muitos cometem é assumir que cada semana tem as mesmas atividades, fazendo com que eles criem um plano semanal e o copiem. É muito possível que muitas das suas semanas sejam parecidas, mas é pouco provável que todas as doze tenham as mesmas atividades devidas. Mesmo se você for a exceção, o benefício de gastar entre cinco e dez minutos para organizar a próxima semana traz grandes resultados.

Armadilha 4: você adiciona táticas semanalmente.

Tenha em mente que um plano semanal é 1/12 do seu planejamento para doze semanas. De vez em quando você adicionará uma tática à estratégia, mas isso não deve acontecer com frequência. Muitas ações novas deveriam ser somadas ao plano de doze semanas primeiro, e depois irem para o planejamento semanal. Isso impede que você seja arrastado para atividades urgentes que não são necessariamente estratégicas.

Armadilha 5: você não o usa para guiar seu dia.

Uma vez que tenha criado seu plano semanal, você desejará usá-lo diariamente para mantê-lo no caminho certo com as atividades que são mais importantes para alcançar seus objetivos. Dê uma olhada no seu plano semanal a cada manhã, uma ou duas vezes durante o dia e antes de ir para casa. Quando você aprender a orientar suas atividades diárias com base no plano semanal, começará a experimentar um desempenho realmente marcante.

Armadilha 6: você não o usa como parte de sua rotina.

Cada um de nós tem uma rotina. Rotinas são uma parte importante do sucesso consistente. Incorpore o quanto antes o plano semanal à sua rotina.

CAPÍTULO 16

Mantendo a Pontuação

A avaliação guia o processo de execução. É sua forma de medir a realidade. Fazê-la de forma eficaz combina tanto os indicadores de vantagem como os de atraso para chegar às informações necessárias para uma melhor tomada de decisão. É o ciclo de retorno que permite que você saiba se suas ações são eficazes.

Adam Black discute o impacto que seu sistema de avaliação simples e diário teve nos resultados.

O ano em doze semanas me foi sugerido por um parceiro de negócios no final de 2011. Ele veio no momento perfeito. Depois de ler o livro diversas vezes, não tinha dúvida de que esse sistema me serviria perfeitamente.

Sou um típico cara de personalidade Tipo A, muito determinado e agressivo, mas às vezes me esqueço dos detalhes. Com o ano de doze semanas, consegui desacelerar e traçar sistematicamente o que queria naquele período para poder finalmente chegar às minhas metas de longo prazo. Descobri que a beleza do sistema era poder ajustar meus planos de doze semanas com base na forma como meus números se moviam.

Para me ajudar a manter o foco nas tarefas de maior valor, criei um calendário simples, de doze semanas, como uma ajuda visual para medir o meu progresso. Ele mantém o controle diário dos meus dois principais índices, os de vantagem e os de atraso. Agora sei exatamente onde estou rumo ao meu objetivo de doze semanas quando vou para casa todas as noites.

Ao vincular esses índices diários para atingir minha meta de doze semanas ao volume financeiro e unidades, vi um aumento de 65% em ambos no ano de 2012! Como resultado pela aplicação do sistema, também atingi a cota para estar entre os melhores vendedores e ganharei uma viagem em 2013.

Dizer que o ano em doze semanas revolucionou meu negócio seria um eufemismo. Ele fez com que eu atingisse mais facilmente meus objetivos. Nada de correria ao final do ano para atingir um número anual.

Ele realmente enriqueceu minha vida para que pudesse cumprir meus objetivos, sustentar minha família e gastar mais tempo fazendo o que gosto longe do trabalho.

Conforme relatado por Adam, a avaliação não precisa ser complicada para ser eficaz, mas tem de ser oportuna.

Os melhores sistemas de avaliação possuem indicadores de vantagem e de atraso, como já falamos no Capítulo 6. Os indicadores de atraso são seus resultados finais e os objetivos para as doze semanas são a ponta final disso. Se você está mapeando progresso visando os objetivos, então busque os indicadores de atraso.

Já os indicadores de vantagem são aqueles que acontecem com antecedência no processo de execução. São os fatos que orientam os atrasos. A maioria das pessoas é muito boa para acompanhar o atraso, mas a oportunidade de crescimento geralmente é maior com os de vantagem.

Quais são os indicadores de vantagem nas suas metas? Vamos dizer que você queira perder cerca de 5kg. O objetivo do valor total é um indicador de atraso porque acontece ao final das doze semanas. Um bom sinal de vantagem é a quantidade de calorias que consome a cada dia ou semana. Outro pode ser o número de exercícios no período, tais como quilômetros percorridos, voltas na piscina ou minutos na esteira — você entendeu. Quaisquer que sejam as medidas para se avaliar, não se esqueça de acompanhar e registrar seu progresso em cada uma das doze semanas!

Em geral, quanto mais frequente for uma medida de avaliação, mais útil ela é. Por exemplo, registros trimestrais tipicamente são melhores que os anuais. Avaliações anuais resultam em comentários apenas uma vez a cada doze meses, ou seja, se você está tentando melhorar um resultado e o avalia apenas uma vez por ano, não recebe retorno suficiente para ajudá-lo a determinar se suas ações são produtivas ou não. Da mesma forma, acompanhamentos mensais trazem melhores resultados que os trimestrais por conta do retorno mais frequente. Semanalmente é melhor que mensalmente, e diariamente em vez de toda semana é ainda mais eficiente.

Com o ano em doze semanas, você estabelece metas para esse período, então, na pior das hipóteses, terá uma medida de avaliação do sucesso que não irá além disso. Mesmo assim, possuirá recursos suficientes para identificar uma série de indicadores de vantagem que poderá acompanhar mensal, semanal ou diariamente.

A essa altura, você provavelmente já definiu suas metas para doze semanas e traçou seu plano para o período, então agora é a hora de estabelecer uma série de indicadores de vantagem e atraso para cada um dos seus objetivos. Se ainda não identificou metas ou criou um plano, volte para esse exercício somente após completar essas etapas.

Objetivo para Doze Semanas nº 1

INDICADORES DE VANTAGEM E ATRASO

- ____
- ____
- ____
- ____

Objetivo para Doze Semanas nº 2

INDICADORES DE VANTAGEM E ATRASO

- _____
- _____
- _____
- _____

Objetivo para Doze Semanas nº 3
INDICADORES DE VANTAGEM E ATRASO

- _____
- _____
- _____
- _____

Certifique-se de fazer esse acompanhamento a cada semana. Use uma planilha, tabela ou vá à seção "Key Measures", no nosso conteúdo online, para ajudá-lo a registrar e monitorar seu progresso.

Como discutimos na primeira seção do livro, seu indicador de vantagem mais eficaz é uma medida da sua execução semanal. É fundamental que você avalie a ação. Descobrimos que, se você realizar um mínimo de 85% das tarefas previstas naquela semana do seu plano, é muito provável que atinja seus objetivos ao final das doze semanas.

Seja usando a ferramenta online, nosso sistema em papel ou um bloco de notas, dedicar tempo semanalmente para avaliar sua execução é essencial. A Figura 16.1 mostra um exemplo de pontuação semanal presente no *Achieve!*, nosso conjunto de recursos online. Você pode criar um facilmente usando o *Freehand,* nosso sistema baseado em papel.

Em ambos os casos, você notará que a sua medida de avaliação semanal tem como base a execução das suas tarefas planejadas e não os resultados. Você simplesmente verifica ou conta as ações completadas na semana passada, independentemente dos resultados que tenha.

Vamos voltar ao meu exemplo da perda de peso. Meu objetivo é eliminar 5kg neste período de doze semanas. Meu plano inclui as seguintes estratégias:

- Fazer vinte minutos de exercícios cardiovasculares pelo menos cinco vezes por semana.
- Fazer musculação três vezes por semana.
- Beber pelo menos seis copos de água por dia.
- Limitar a ingestão diária de calorias para 1,2 mil.

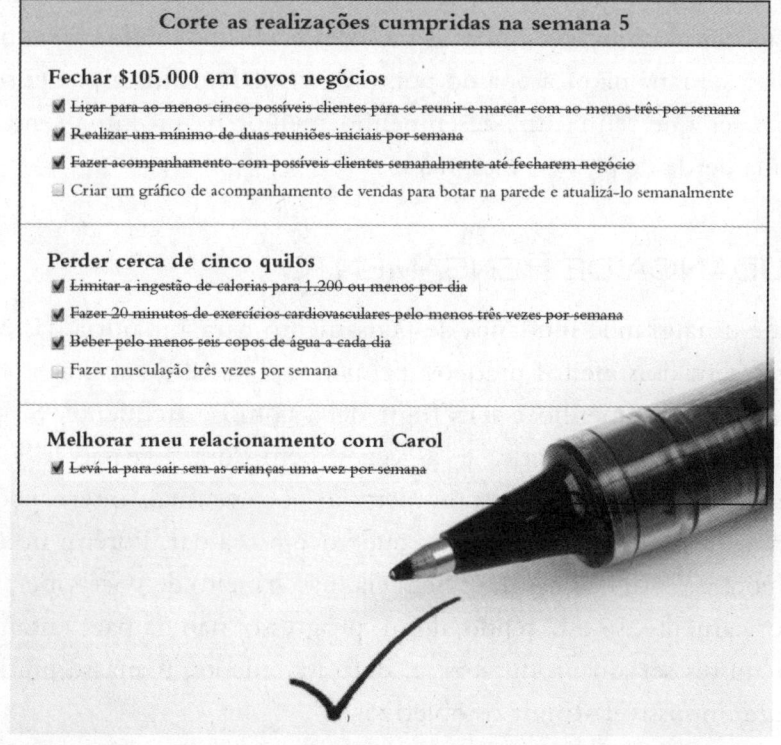

Figura 16.1 Sua pontuação semanal mostra a porcentagem de táticas completadas por você na semana anterior. Obtenha uma média de 85%, ou mais, e estará no caminho para chegar ao objetivo para as doze semanas.

Como parte do meu sistema de avaliação, eu me pesarei a cada semana e registrar com quantos quilos estou, mas meu peso é um indicador de atraso portanto, também darei notas à execução. Para fazer isso nessa situação, identificaria o número de ações que completei como uma porcentagem do valor total. O conteúdo do *Achieve!* faz isso automaticamente. Com isso, caso tenha feito três das quatro táticas propostas, meu placar de execução semanal é de 75%.

A medida dos resultados e a de execução são separadas. No meu exemplo, posso ter perdido apenas dois quilos essa semana, mas, ainda assim, ter obtido 75%. Como os resultados são atrasados, quero prestar muita atenção a ambas as medidas e, mesmo tendo baixado de peso, a semana não foi boa do ponto de vista da realização. Ou seja, a não ser que tenha um desempenho melhor na próxima semana, minha perda de peso se estagnará.

MUDANÇA DE PENSAMENTO

Essa é uma grande mudança de pensamento para a maioria das pessoas e tem dois efeitos práticos: primeiro, trata-se de aceitar a avaliação de desempenho e não fugir dela, como é frequente. Sim, a avaliação é fria, antipática e, às vezes, bem dura. Ela não leva em conta o esforço e não tem consideração por eventuais interrupções, distrações ou qualquer desculpa que você possa dar. Porém, no fim das contas é útil e necessária. Sem ela, não há jeito de você saber, categoricamente, se está tendo algum progresso; não dá para entender que ajustes seriam produtivos; e, definitivamente, torna-se praticamente impossível atingir os objetivos.

A segunda mudança é no enfoque mais voltado às ações que para os resultados. Lembre-se, você tem mais controle sobre as primeiras. Seus resultados são frutos das ações. O plano e a pontuação semanais se concentram nas suas ações. A avaliação determina se você fez o que disse ser mais importante para atingir suas metas. Como resultado, a pontuação semanal é a forma mais precisa de prever o futuro. Se você completar de forma rigorosa as ações críticas diariamente e semanalmente, os resultados virão. Com isso, o processo fala menos a respeito do resultado final e foca mais nas ações diárias. É isso que a avaliação mede, não os seus resultados.

Implementação em Equipes

Como gerente ou líder, a forma como você vê a avaliação e como se envolve com ela acabará impactando a produtividade e os resultados de sua equipe. Muitos gerentes pensam, de forma errada, sobre medição como responsabilidade. Essa forma de pensar cria todo tipo de desvio e barreira para o alto rendimento. Quando os gestores pensam dessa forma sobre a medição, eles tendem a usá-la para desencadear consequências negativas para seus relatórios diretos. Em outras palavras, quando a medição é vista como o sistema de prestação de contas, os líderes usam a avaliação e as consequências negativas para *responsabilizar* as pessoas. Nesse ambiente, os funcionários e sócios rapidamente aprendem a evitar a medição — e o gerente responsável.

Quanto mais você usar a avaliação para desencadear consequências negativas, mais sua equipe evitará e até resistirá abertamente a ela. A medição não trata de responsabilidade; é, simplesmente, um retorno. O uso mais eficaz da avaliação é como um mecanismo de comentários para identificar falhas, progresso e sucessos. Dessa forma, a avaliação permite que você enfrente a realidade e os problemas sem a resistência e os danos colaterais associados às consequências negativas.

Em um mundo perfeito, os funcionários devem avaliar a si mesmos. Se eles confiam em você para acompanhar e registrar suas principais ações, quase sempre é sinal de que falta um pouco de propriedade da parte deles. Pense nisso. Se você estivesse realmente comprometido com seus objetivos e quisesse muito cumpri-los, não gostaria de acompanhar seu progresso? Você sabe que há propriedade quando seus colaboradores medem e acompanham seu próprio desempenho.

Quando sua equipe adotar o sistema do ano de doze semanas, você precisará que cada pessoa tenha definido uma série de medidas essenciais e indicadores de vantagem e atraso que eles estejam comprometidos a rastrear. Não precisa ser nada longo, apenas algumas definições que possam dar algum retorno significativo à pessoa.

Além disso, ao adotar o ano em doze semanas, você agora tem *o* sistema para poder orientá-los. Tudo o que precisa para conduzir seus colaboradores a melhores resultados de forma eficaz está disponível lá. Um dos itens é a pontuação semanal. No papel de gerente, você deverá checar como seus funcionários têm se saído a cada semana. Mesmo sem saber dos detalhes do plano de cada um, consigo verificar, por meio da pontuação, a probabilidade de eles atingirem seus objetivos. Ao perguntar sobre seus placares, você sabe imediatamente se alguém corre risco. Se uma pessoa registrar menos de 60% em uma determinada semana, é um sinal de que ela pode precisar de alguma ajuda. Um desempenho baixo não acaba com todo o ano em doze semanas, mas certamente pode acender um alerta para que algum tipo de intervenção seja feita de modo ao funcionário em questão conseguir atingir as metas do período.

Armadilhas Comuns e Dicas para o Sucesso

Depois de determinar suas medidas e acompanhá-las semanalmente, aqui estão algumas armadilhas a serem evitadas, e dicas para fazer as avaliações funcionarem para você.

Armadilha 1: você acha que fazer uma avaliação é complicado ou não tem importância.

Muitas pessoas usam a desculpa de não serem boas com números para evitar fazer avaliações. Não seja mais uma delas. Se quer dar o melhor de si e atingir seus objetivos, você precisará medir seu desempenho.

Armadilha 2: você não agenda tempo a cada semana para avaliar seu progresso.

Reserve um tempo por semana, seja no fim ou no início dela, para avaliar sua execução de tarefas, registrar seus indicadores e planejar os próximos sete dias. Para a maioria, de dez a quinze minutos é suficiente.

Armadilha 3: você desiste do sistema quando não pontua bem.

É frequente ver pessoas abandonando o sistema e parando de pontuar quando vão mal por duas semanas seguidas. Tenha a coragem de se avaliar semanalmente e não recuar, mesmo quando passar por um período decepcionante.

Dica 1: revise seu placar semanal com um amigo ou um pequeno grupo de colegas a cada semana.

Estudos mostram que, quando as pessoas potencializam o trabalho em equipe, elas melhoram significativamente a execução dos planos. Veja a seção sobre RSRs no Capítulo 15.

Dica 2: comprometa-se a fazer progressos a cada semana.

Talvez você não consiga melhorar sua execução de 45% para 85% em uma semana, mas pode passar dos mesmos 45% para 55% ou 60%. Concentre-se em fazer progressos. A meta é aumentar seu nível de realização semanalmente. Um placar semanal em ascensão é um sinal positivo de que você está mais perto de atingir os objetivos.

Dica 3: lembre-se de que um placar semanal de menos de 85% não é necessariamente ruim.

Um desempenho de 65% pode ser uma melhora na atividade das doze últimas semanas. Até com esse percentual a maioria das pessoas verá progresso nos resultados. A questão que você precisa fazer para si mesmo é: "Uma pontuação de 65% é suficiente para que eu atinja minhas metas de doze semanas?"

Dica 4: não tenha medo de enfrentar o que seus números estão lhe dizendo.

Se não quer enfrentar a realidade, nunca será capaz de mudá-la.

Ao acompanhar seus indicadores de vantagem, o sistema de execução o ajudará a identificar a raiz de quaisquer problemas que você possa vir a enfrentar. Quando há uma crise nos resultados, você tem de saber se ela foi causada por uma falha na execução ou no conteúdo do plano. Há uma GRANDE diferença nisso, e a única chance de saber, com certeza, é avaliar tanto os resultados *como* a execução.

CAPÍTULO 17

RETOME O CONTROLE DO SEU DIA

Uma das razões que nossos clientes sempre mencionam ao explicar o que os impede de render mais do que são capazes é a falta de tempo. Essa razão é tão comum que parece ser muito verdadeira, mas na maioria das vezes não passa de uma cortina de fumaça que cobre o obstáculo real. Na verdade, o que impede você de ser excepcional na maioria das vezes não é a falta, mas a forma como determina o tempo que tem. Sei que isso parece ser a mesma coisa, mas é uma distinção importante.

Aqui vai uma história motivadora sobre como distribuir melhor o tempo permitiu que Annette Batista equilibrasse muitas demandas simultaneamente e ainda se destacasse no que era mais importante para ela.

Faz quase dois anos desde que li *Um Ano em Doze Semanas* pela primeira vez. Devorei o livro e implementei os princípios não apenas no meu negócio em casa, mas em nível pessoal e profissional também.

Meus objetivos eram estar no mesmo ritmo ao final de doze semanas para disputar o prêmio anual entregue aos melhores funcionários e começar a educar meu filho em casa. Para isso, sabia que precisava de um bom plano.

Trabalho como consultora. Nessa função, explico a clientes seus benefícios médicos, ajudando-os a escolher um plano de saúde e médicos para eles e suas crianças, assim como planos dentários para os filhos. Para atingir minhas metas, tenho que dar 650 telefonemas e fazer 100 visitas domiciliares a cada mês. Também faço apresentações em agências locais, vou a feiras da área de saúde e reuniões comunitárias, e faço um mínimo de quinze contatos na comunidade por mês, sendo que oito são presenciais. Tenho uma área de aproximadamente seis CEPs diferentes para cobrir, em dois condados.

Eu me preocupava sobre como conseguiria fazer tudo isso. O que poderia executar a cada dia que me levaria para onde gostaria sendo regular e consistente? Minha profissão é exigente e gratificante ao mesmo tempo. Também sou esposa, mãe e avó. Era fundamental levar meu plano adiante para que pudesse conseguir tudo o que queria.

Reservar blocos de tempo realmente me ajudou a atingir minhas metas. Eu uso blocos de reserva a cada manhã, geralmente por uma hora, entre 7h30 e 8h30, para checar meu e-mail, mandar algumas palavras de incentivo para meus colegas e, só depois disso, priorizar minhas listas de contatos por ordem de importância.

Em seguida, passo para os blocos de tempo que marco todos os dias para realizar atividades-chave. Pelas próximas quatro horas, de 8h30 às 12h30, dou telefonemas ou faço visitas nas casas de clientes. Esses blocos me ajudam a ficar atualizada com minha exigente carga de trabalho.

Meu bloqueio de tempo funciona tanto que, na terça-feira, quando deveria *começar* a telefonar para meus contatos diários, já completei a tarefa. Minhas listas de telefonemas semanais geralmente estão completas uma a duas semanas mais cedo por mês.

Meus blocos de fuga vêm em seguida. Diariamente depois do almoço começo o ensino domiciliar, que dura exatamente três horas. Ensinar me dá uma oportunidade de fazer uma pausa do trabalho. Gosto de dar aula e meu filho também gosta de aprender. As diferentes matérias que cobrimos: a Bíblia, artes da linguagem, ciências, matemática, história e geografia, são uma ótima forma de me ligar em diferentes assuntos dentro do meu momento de fuga. Isso faz com que as coisas não sejam banais e chatas.

Quando termino de dar aula para meu filho, encerro o dia com outro bloco de reserva, para fechar alguns telefonemas, atualizar os dados com o que foi feito no dia e checar meu e-mail pela última vez, apenas para ter certeza de que nada importante está pendente para a jornada seguinte.

Usando as técnicas de arrumação do tempo de *Um Ano em Doze Semanas*, tenho conseguido trabalhar com antecedência — às vezes, até duas semanas à frente. Quando saio de férias, consigo aproveitar melhor porque sei que não terei assuntos "pendentes" ou a resolver quando retornar.

Tomei posse do meu plano. Decidi me destacar. Minhas escolhas me renderam o respeito do meu gerente e supervisor, além dos meus colegas, família e amigos.

Como se não bastasse isso, não apenas bati minha meta de receber o prêmio de melhor consultora do ano em 2011 — também fui premiada com a mesma distinção em 2012, algo que nunca tinha acontecido antes. Em nível pessoal, meu marido e eu vamos implementar o sistema para cuidar das nossas finanças e estamos determinados a acabar com nossas dívidas com exceção da hipoteca, que temos de pagar até dezembro do ano que vem. Faremos em doze meses o que normalmente levaria de 18 a 36 para ser concluído.

O uso eficaz do tempo pode ser a diferença do desempenho medíocre para o eficiente. O problema é que o mundo está repleto de possíveis distrações e interrupções que surgem sem parar ao longo do dia. Um estudo feito por Eric Horvitz, da Microsoft Research, e Shamsi Iqbal, da Universidade de Illinois, aponta que, após ser distraído por e-mails ou mensagens, um funcionário da Microsoft que estava altamente concentrado em uma atividade geralmente leva quinze minutos para retomá-la.

Além disso, um estudo de uso do tempo feito em 2005 pela empresa de pesquisa de negócios Basex concluiu que 28% do tempo médio de um profissional em um dia era gasto com interrupções e atividades ligadas à volta à concentração! Isso representa cerca de onze horas distraído, sendo que a semana de trabalho tem quarenta!

As escolhas que você faz sobre como gastar seu tempo definitivamente criam seus resultados na vida. Os grandes povos e nomes extraordinários da história em áreas como política, cultura, arte, ciência, religião ou qualquer outra iniciativa não tinham mais tempo a cada dia: o que *fizeram* com ele é que traz toda a diferença. As falhas acontecem nas escolhas feitas a cada momento. Muitas pessoas fazem escolhas de maior benefício e menor custo em curto prazo.

Em 2011, o norte-americano em geral passou 2,8 horas por dia vendo televisão. Isso representa 12% de suas vidas — e esse número *não* inclui as horas gastas em outras novas fontes de entretenimento, tais como *smartphones* e *tablets*. Muitas vezes assistimos TV para distrair e relaxar. Fazemos isso em parte porque é fácil; não é preciso nada além de mudar de canal. Ela pode trazer alguns benefícios, mas nos ajudar a viver uma vida importante definitivamente não é um deles.

Às vezes as escolhas que você faz não têm valores baixos, como ver TV ou passar um tempo no sofá. Algumas delas podem fazer você achar que está se ocupando, quando na realidade está escolhendo evitar uma atividade mais importante ou frequentemente mais difícil. Essa tendência aparece em todas as áreas das nossas vidas e inclui coisas como ler e-mails e mensagens em vez de atacar as ações mais complicadas, porém com maior retorno, tais como fazer telefonemas de vendas, exercitar-se e encarar problemas difíceis de relacionamento.

Gastar o tempo de lazer e fazer coisas que deixam você confortável é, sem dúvida, algo saudável se feito com moderação, mas quando optamos por fazer isso constantemente, estamos nos condenando a vidas muito abaixo da nossa capacidade. Eventualmente, o tempo excessivo que gastamos maximizando o conforto no momento leva a prejuízos inevitáveis de atraso e objetivos que nunca serão cumpridos. É como disse uma vez o escritor escocês Robert Louis Stevenson: "Todo mundo, mais cedo ou mais tarde, senta-se para um banquete de consequências."

Entrar em forma requer desconforto, ganhar uma boa renda requer desconforto e ser excelente em qualquer coisa exige que você pague um preço. Para alcançar o que deseja, será preciso sacrifício. E a primeira coisa que você sacrificará é o seu conforto.

Para ser grande, você tem de escolher reservar o tempo para suas maiores oportunidades, precisará optar por gastá-lo com as coisas difíceis, que geram seu maior retorno. Para ser grande, terá de viver com um propósito. Isso exigirá que você seja claro sobre o que mais importa, e depois ter a coragem de dizer não às coisas que o distraem. Será preciso proteger seu tempo intensamente, delegando ou eliminando tudo o que não for um de seus pontos fortes ou não o ajudar a avançar rumo aos benefícios.

Com base nos talentos que desenvolveu e aperfeiçoou, você cria certos pontos fortes e fracos. Ambos, se considerados em conjunto, têm impacto na sua capacidade de produzir o resultado que busca.

Muitas pessoas gastam quantidades significativas de tempo e energia tentando eliminar suas fraquezas. Em geral, esforçar-se para reduzir as fraquezas que limitam seus resultados vale a pena e é algo nobre. Todos possuem fraquezas que têm de receber atenção para virarem ações bem-sucedidas; no entanto, uma fraqueza raramente se tornará uma força. Se você não está em um papel que desempenha ou amplia seus pontos fortes, provavelmente está no lugar errado.

Na realidade, é a aplicação concentrada de suas *forças* que produzirão suas maiores conquistas. Pessoas bem-sucedidas trabalham com seus pontos fortes. Pessoas verdadeiramente notáveis foram um passo além e trabalham para o que chamamos de *capacidade única*. Capacidades únicas são uma ou duas coisas que você é simplesmente o melhor ao fazer. Elas também tendem a ser coisas com as quais você tem prazer ao realizar. Sabendo quais são elas ou não, suas capacidades únicas são responsáveis por seus maiores sucessos e alegrias ao longo da sua vida.

Para ser o seu melhor, você precisa propositalmente alinhar o tempo e atividades com suas forças e suas capacidades únicas. Ao fazer isso, viverá um novo e sempre crescente nível de rendimento e satisfação.

Alcançar esse nível de desempenho exigirá que crie tempo para as atividades estratégicas — aquelas que são importantes, mas não necessariamente urgentes. As atividades estratégicas não têm um retorno imediato, mas criam resultados substanciais no futuro. Para se manter focado em seus pontos fortes, você precisará gerenciar suas interrupções e manter as atividades de baixo valor em um nível mínimo.

TEMPO DE DESEMPENHO

O uso eficaz do tempo é uma das cinco regras do ano em doze semanas. Ela e as outras quatro: perspectiva, planejamento, controle de processos e acompanhamento de pontuação — fazem parte do nosso comprovado sistema de execução.

Tudo o que conseguimos na vida acontece no contexto do tempo. As tarefas importantes somente serão cumpridas se você dedicar minutos para elas. Uma das bases para o seu sucesso é a capacidade de gastar o tempo com o que mais importa.

O tempo de desempenho é um sistema de marcação que lhe permite operar como o CEO da sua empresa e da sua vida gastando seu bem mais valioso — seu tempo — com um propósito. Seu comprometimento e habilidade para implementar esse método é uma manifestação de liderança pessoal. Se vive com a intenção de usar o tempo de forma eficaz, você se tornará um líder melhor para sua equipe, além de chegar ao sucesso pessoal e nos negócios em um ritmo bem mais rápido.

Como discutido no Capítulo 7, três partes formam o uso eficaz do tempo: blocos de tempo estratégicos, blocos de tempo de reserva e blocos de tempo de fuga. Cada um deles é feito para ajudá-lo a executar tarefas importantes de forma mais eficiente.

Os blocos de tempo estratégicos duram três horas e devem ser agendados no início da semana para que você tenha tempo de remarcar caso um compromisso seja interrompido ou cancelado. São períodos em que você pensa em seu negócio como um todo, e não nas tarefas do dia a dia. Blocos estratégicos devem ocorrer quando seu ritmo de trabalho costuma ser mais baixo. Geralmente, fazer isso uma vez por semana é suficiente.

Já os blocos de reserva servem para lidar com todas as atividades que agregam menos e acontecem tipicamente entre trinta minutos e uma hora, uma ou duas vezes por dia. A duração deles depende da quantidade de e-mails, telefonemas, interrupções e outras atividades administrativas a fazer.

Por sua vez, os blocos de fuga são feitos para evitar o desgaste e criar mais tempo livre. Eles duram três horas e devem ser marcados uma vez por semana — depois que já estiver trabalhando bem com o método do ano de doze semanas. Recomendamos que o faça apenas uma vez por mês até que tudo esteja funcionando e você esteja bem na execução de tarefas.

Além das três categorias descritas acima, você também deverá agendar blocos de tempo para realizar outras atividades importantes.

MODELO DE SEMANA DE TRABALHO

Para distribuir seu tempo efetivamente, é preciso imaginar como seria uma semana altamente produtiva de trabalho, que servirá como modelo. No exercício a seguir, você a criará usando blocos de tempo para as atividades fundamentais. Distribuir o tempo assim lhe permitirá criar o sucesso que deseja. Primeiramente, a ideia é traçar uma semana que faça com que você seja o mais produtivo possível, e depois começar a mexer para que a sua programação atual que esteja de acordo com o período ideal.

O modelo de semana não tenta *eliminar* atividades de baixo valor; isso não funciona muito bem. Em vez disso, você criará tempo a cada semana para se concentrar nas atividades de mais valor e retorno. Se você tem um plano de doze semanas, essas tarefas são as ações do seu plano.

Defina seus blocos de tempo, começando com os estratégicos, passando para os de reserva e, por último, os de fuga. Em seguida, preencha a agenda com as outras atividades importantes que precisam acontecer a cada semana.

Vamos começar. Usando o modelo na Figura 17.1, complete as seguintes etapas:

1. Bloqueie quinze minutos logo na segunda-feira de manhã para revisar a semana passada e planejar a atual.
2. Agende seu bloco de tempo estratégico de três horas.
3. Defina de um a dois blocos de tempo reserva por dia, de segunda a sexta, geralmente um pela manhã e outro mais perto do fim do dia (11h-12h e 16h-17h, respectivamente). Lembre-se de que a duração de cada período de reserva varia de acordo com a carga de trabalho individual e administrativa.
4. Marque um bloco de tempo de fuga.
5. Agende todas as outras atividades importantes.

   a. Encontros com clientes atuais e visitas de prospecção
   b. Reuniões recorrentes
   c. Marketing e vendas
   d. Planejamento
   e. Tarefas administrativas e operacionais necessárias

f. Preparação para encontros com clientes e atendimento ao consumidor

g. Trabalho no projeto

h. Almoços com pessoas indicadas

i. Sessões de mentoria individuais

j. Tarefas pessoais

	Domingo	Segunda	Terça	Quarta	Quinta	Sexta	Sábado
7h							
8h							
9h							
10h							
11h							
12h							
13h							
14h							
15h							
16h							
17h							
18h							
19h							

Figura 17.1 Modelo para uma semana de trabalho.

Inicialmente, pode parecer que sobrará muito pouco tempo na semana. Ainda que isso pareça verdadeiro, você perceberá que todas as atividades críticas e importantes sob sua responsabilidade foram contempladas. Os itens que você marcou são as tarefas fundamentais para tornar sua perspectiva realidade e levar seu negócio rumo ao próximo nível. É fundamental que você projete uma semana que funcione no papel antes de começar a executá-la. Se não conseguir isso, não haverá jeito de funcionar na prática.

No fim das contas, tudo acontece no contexto do tempo. Se você não tem controle sobre seu tempo, consequentemente também não terá sobre seus resultados. A eficácia pessoal está ligada à intencionalidade.

Agendas de Tempo de Desempenho

A seguir estão algumas agendas sugeridas para os blocos de tempo estratégicos e reservas. Os cronogramas o ajudarão a potencializar o uso desses importantes blocos de tempo de forma mais eficaz.

BLOCO DE TEMPO ESTRATÉGICO — EXEMPLO
DE AGENDA, TRÊS HORAS

- **Reveja sua perspectiva:** 5-10 minutos. Revise sua perspectiva e avalie seu progresso. Você está avançando, fazendo progressos, ainda há uma conexão emocional?
- **Revisão das doze semanas:** 10-15 minutos. Reveja seus indicadores de desempenho. Considere seus resultados em relação às suas metas. Avalie sua pontuação semanal de execução e seus indicadores de vantagem e atraso. Você tem executado em alto nível e está produzindo? Se não, o que pode fazer esta semana para melhorar?
- **Avalie falhas de rendimento:** 10-20 minutos. Há uma falha de rendimento? Se sim, qual a raiz dela? Você precisa ajustar seu plano ou apenas executar melhor?
- **Trabalhe em táticas do plano:** 2-2,5 horas. Use esse tempo para completar as táticas do seu plano de doze semanas.
- Outros exemplos de atividades que requerem blocos estratégicos:
  - Leia um livro.
  - Faça um curso online.
  - Planeje o próximo ano em doze semanas (feito com mais frequência nas semanas doze ou treze).

BLOCOS DE RESERVA — EXEMPLO DE AGENDA,
TRINTA A SESSENTA MINUTOS

- Leia e responda a e-mails.
- Ouça mensagens de voz e responda conforme necessário.
- Faça telefonemas externos necessários.
- Faça um acompanhamento da lista de coisas a fazer.
- Realize reuniões rápidas com seus funcionários para responder perguntas ou planejar acompanhamentos.
- Organize e registre projetos em andamento e itens completos.
- Identifique novas tarefas à lista de coisas a fazer e registre-as.

Essas agendas são apenas exemplos, mas perceba a diferença entre os tipos de atividade previstos em um bloco estratégico se comparados com os do bloco de reserva. Enquanto o primeiro é reservado para as atividades importantes e de maior valor, o segundo diz respeito às tarefas de menos grandeza e rotineiras.

O tempo de desempenho é um sistema único para organizar sua semana. Ele o ajudará a distribuir o tempo necessário para as coisas que mais importam. O que seria diferente se você fosse capaz de render ao máximo no que há de mais importante na sua vida pessoal e nos negócios? Onde você pode estar daqui a doze semanas? E daqui a três anos? Depois de começar a usar os conceitos do sistema, muitas vezes os resultados aparecerão com cerca de uma semana, e você se sentirá mais no controle do seu tempo do que em anos.

MUDANÇA DE PENSAMENTO

Diante do valor e da oferta limitada de tempo, é interessante que quase todos nós tenhamos dificuldade para gastá-lo de uma forma mais eficaz do que gostaríamos. Motivados pela oportunidade de fazer mais dinheiro sempre que possível, muitos clientes descartam seu plano pré-programado sem pestanejar para atender aos pedidos de clientes atuais e futuros. Eles fazem isso repetidamente, aparentemente sem levar em conta o impacto em longo prazo nos seus negócios. Na verdade, o tempo que poderia ser gasto construindo seu próprio futuro é, em vez disso, dedicado ao de outra pessoa.

Em última análise, muitos dos nossos clientes valorizam mais o tempo dos outros que o deles próprios. Para conseguir resultados marcantes, você precisa pensar que seu próprio tempo é, pelo menos, tão importante quanto o dos seus consumidores. Só assim você pode construir seu negócio e, ironicamente, melhorar seu serviço de atendimento ao cliente de forma simultânea.

Outra ideia que prejudica a execução e o uso do tempo de forma eficaz é achar que você pode fazer tudo. Se assumir que isso é possível desde que trabalhe rápido, pesado ou por tempo suficiente, o resultado será bem desagradável. Um estudo feito há alguns anos disse que o profissional em geral tem cerca de quarenta horas de trabalho a completar a qualquer momento.

É importante perceber a verdade absoluta de que você não pode fazer tudo; caso contrário, continuará a trabalhar sob a falsa sensação de que compensará o que está atrasado para *finalmente* dedicar-se às coisas importantes. Você continuará a usar todo o seu tempo nas atividades diárias mais urgentes e demorará a cumprir a estratégia necessária para criar inovação e, consequentemente, a vida que deseja.

Se sua opção sempre é a de adiar o trabalho estratégico para realizar as atividades urgentes e de menor valor, você nunca obterá grandes feitos. Se trabalhar com base na ideia de que você pode eventualmente fazer as coisas mais importantes ao trabalhar as de maior urgência primeiro, nunca chegará ao conteúdo estratégico. O pensamento que diz que "começarei meu futuro ideal amanhã, na próxima semana ou no mês que vem" está condenado ao fracasso. O futuro que viverá é aquele que é criado agora mesmo, neste exato instante.

Atingir um resultado marcante não significa fazer coisas a mais. Ele exige uma mudança profunda na forma como você trabalha antes que isso apareça em seus resultados. Para alguns, isso pode significar um aumento de até 20% na renda; para outros, pode ser ter o dobro de clientes. E mais um grupo acha que, para chegar lá, é preciso tirar mais tempo de descanso ao mesmo tempo em que é preciso manter os ganhos regulares. Seja a situação que for, será necessário ter a disposição necessária para mudar a forma de distribuir o tempo e, consequentemente, elevar seus resultados.

Esse aumento de desempenho soa tentador. Porém, se já está perto do limite máximo do seu sistema atual, pode reconhecer, honestamente, que não há tempo suficiente na semana para realizar tal mudança. Nossos clientes, muitas vezes, acreditam que atingir um nível elevado de rendimento é possível para os outros, mas não para eles. É com certa frequência que eles sentem já estar trabalhando muito, e o pensamento de precisar se dedicar ainda mais para aumentar os ganhos é pouco atraente. Eles podem até ter um medo real do sucesso que diz "meu sistema atual não pode lidar com o nível de atividade que virá com o maior sucesso."

Parece óbvio pensar que você tem de trabalhar mais proporcionalmente para ter melhor renda, mas é justamente essa linha de pensamento que limita o que você pode conseguir na vida.

Pense no seguinte: pessoas ganhando US$1 mil ao ano não estão trabalhando dez vezes mais que as que ganham US$100 mil. Na verdade, algumas vezes elas trabalham até menos, mas de forma diferente.

O fato é que você não chega aos grandes avanços se não estiver disposto a mudar a forma como distribui seu tempo atualmente. Para obter resultados diferentes, terá de fazer as coisas de forma diferente e fazer coisas distintas.

Não deixe a mecânica atrapalhar o conceito. Para dar o melhor de si, você precisará traçar seu tempo de forma a trabalhar estrategicamente. Será preciso achar uma maneira de lidar de forma eficiente com as atividades de baixo valor. E você precisará de tempo para renovar as energias e se atualizar.

Implementação em Equipes

No papel de gerente, sua forma de se comunicar e agir influencia a sua equipe. Por conta disso, é importante que suas palavras e ações estejam de acordo se você quiser ter um impacto positivo maior.

Se a intenção é que o seu time gaste o tempo com um propósito claro, você precisa fazer o mesmo. Crie um modelo de semana de trabalho que inclua os três blocos de tempo de desempenho e outras atividades estratégicas, como reuniões por equipe e sessões de mentoria individuais, e comprometa-se a fazê-las semanalmente.

Aplicar o sistema de tempo de desempenho criará benefícios não só para você, mas para seus comandados. Sua equipe verá que você lida com o tempo com um propósito e dá espaço para que os outros façam o mesmo. Além disso, se marcar blocos de reserva nos mesmos horários a cada dia, seus funcionários saberão que eles terão sua atenção naquele momento, e sentirão mais confiança ao abordá-lo quando for necessário.

Um dos nossos clientes do setor de serviços financeiros descobriu que, quando ele usava o tempo de rendimento e marcava seus blocos de tempo de reserva na mesma hora todo dia, melhorava o serviço que estava prestando aos seus colaboradores. Superficialmente, parece que tinha sido o contrário, já que ele agora só teria uma hora disponível para perguntas e reuniões imediatas com seus comandados. No resto do dia, ele estava concentrado em trabalhar seu plano. Ele e sua equipe perceberam que agora sabiam exatamente como achá-lo diariamente. Não era mais preciso correr atrás dele para obter sua atenção, sem saber se ele estaria disponível. Agora o time sabe quando e onde encontrá-lo, além de ter um nível de serviço muito melhor, mesmo que a janela de tempo para reuniões seja limitada a apenas uma hora diária.

Um terceiro benefício é quando você aplica o tempo de desempenho na sua própria rotina. Você saberá mais sobre o sistema e terá a experiência necessária para disseminá-lo entre os seus comandados.

Além de usar o tempo de desempenho na própria rotina, você pode premiar os colaboradores do seu time que conseguirem aplicar o sistema. Quando eles estiverem em um bloco estratégico, não crie objeções para voltar depois, e da próxima vez tome cuidado para não os interromper, em primeiro lugar.

Tudo o que você e sua equipe fazem acontece no contexto do tempo — use-o com intenções claras!

ARMADILHAS COMUNS E DICAS PARA O SUCESSO

Armadilha 1: você conduz seu negócio como de costume.

Permitir que as atividades sejam influenciadas pelo seu velho hábito de distribuição de tempo é pouco produtivo. É fácil retomar os velhos hábitos porque eles são confortáveis e podem ser implantados sem muito esforço. Para novos resultados, você terá que estar disposto a passar pelo medo, incerteza e desconforto, assim criando hábitos novos e mais produtivos.

Armadilha 2: você não se concentra em uma coisa de cada vez em seus blocos estratégicos.

Ser multifacetado é visto por muitos como uma virtude. Na realidade, ter essa característica reduz sua produtividade no geral e, consequentemente, seus resultados. Em vez de aumentar sua eficácia, uma operação multitarefa acaba deixando-o mais lento e faz com que cresçam as chances de erro, de acordo com David E. Meyer, diretor do laboratório de estudos do cérebro, cognição e movimento da Universidade de Michigan. Quando você deixa de lado mentalmente uma tarefa e inicia uma nova, o tempo necessário para terminar a anterior aumenta 25% em média.

Armadilha 3: você permite que distrações tomem sua atenção.

No nosso mundo moderno, a tecnologia pode ser uma grande distração. A cada dia há mais e mais chances para distrações e fuga. Permitir que *smartphones*, mídias sociais e a internet o distraiam das suas atividades de alto valor impedirão você de cumprir seus objetivos. Alguma espontaneidade é saudável, mas se você não dá objetivo ao tempo, não atingirá suas capacidades. Aprenda a isolar-se dessas distrações quando há um trabalho importante a ser feito.

Armadilha 4: você acha que estar ocupado é a mesma coisa que ser produtivo.

Você pode responder e-mails, telefonar, mandar mensagens ou cumprir trabalho administrativo e estar ocupado o dia todo, mas essas atividades quase sempre não geram grandes resultados na sua vida. É claro que você está ocupado, mas está sendo produtivo? Aprenda a priorizar suas atividades mais importantes e faça-as antes de trabalhar em qualquer outra coisa.

Dica 1: trabalhe a partir de um plano semanal por escrito.

Um plano semanal por escrito vinculado aos objetivos para doze semanas o impede de destinar muito tempo para as coisas que surgem em vez das estratégicas. Ao trabalhar com base em um planejamento semanal e acompanhando seu modelo de semana, você está se preparando para o sucesso.

Dica 2: insira seu modelo de semana em seu calendário.

Ajuste seu calendário com os modelos de blocos de tempo como reuniões frequentes. Isso eliminará muitos potenciais conflitos de agenda de semana para semana. Haverá momentos em que você mexerá seus blocos de tempo, mas na maioria das vezes não precisará fazer isso. Mesmo se viajar (como faço) ou se suas semanas forem marcadas por tudo, menos uma rotina (como as minhas), você perceberá que gastar cinco minutos ajustando seus blocos de tempo na segunda-feira pela manhã, para fazer com que eles se ajustem à semana, provavelmente funcionará para você.

CAPÍTULO 18

TOMANDO POSSE

Todos nós já ouvimos histórias de pessoas que se recusam a assumir responsabilidade por suas ações e culpam os outros pelos fracassos. É culpa dos pais, do chefe, dos conservadores ou dos liberais, das companhias de cigarro, da indústria de fast-food — o *sistema* está aí. Isso não passa de blá-blá-blá! Alguém ou alguma outra coisa é sempre a causa do fracasso. Nossa cultura apoia cada vez mais essa mentalidade de vítima. Na verdade, até nosso sistema jurídico a promove. Estamos premiando pessoas por não se responsabilizarem por suas escolhas e encontrarem alguém ou algo diferente de si mesmas para culpar.

Apesar dos aparentes benefícios, pessoas que se fazem de vítima pagam um preço terrível. Uma pessoa com essa mentalidade permite que seu sucesso seja limitado por circunstâncias, pessoas ou eventos externos. Enquanto seguirmos vítimas das nossas circunstâncias, veremos a vida como uma batalha, e os outros como ameaças.

Por outro lado, a responsabilidade permite que você assuma o controle da sua vida, determine seu destino e atinja seu potencial. Na sua forma mais pura, é simplesmente tomar posse das ações e resultados de alguém. A verdade é que as pessoas bem-sucedidas são responsáveis.

Responsabilidade não é uma questão de culpar a si mesmo ou punir os outros. É simplesmente uma posição na vida em que as pessoas reconhecem seu papel nos resultados. A responsabilidade não está preocupada com a culpa, mas com o que é preciso para criar melhores resultados. Até que nós mesmos e nossas organizações aceitemos a responsabilidade sobre nossas ações e decorrências, acabaremos indefesos em busca de mudanças ou de melhora nos resultados. Uma vez que aceitamos que nossas atitudes têm impacto no resultado, então, e somente então, estamos realmente habilitados para criar os resultados que desejamos.

Quando reconhecemos nossa responsabilidade, nosso foco muda: em vez de defender nossas ações, passamos a aprender com elas. *Falhas* simplesmente viram comentários no processo contínuo para ser excelente. Circunstâncias desfavoráveis e pessoas sem espírito de cooperação não nos impedem de atingir nossos objetivos. Estamos em um caminho diferente, consequentemente, criando resultados.

Veja como Danny Fuentes internalizou isso:

Assim que cheguei em casa do meu seminário sobre o Ano em Doze Semanas, estava muito animado e pronto para fazer algumas mudanças necessárias na forma de conduzir meus negócios, e realmente começar a trabalhar.

Acontece que não consegui entrar no meu sistema e demorei uma semana e meia para finalmente resolver esse problema. As festas de fim de ano estavam perto e acabei caindo naquele velho pensamento de "buscar uma desculpa". Sentia que não tinha nem começado e já estava duas semanas atrasado. Seria fácil eu culpar a falta de acesso, os horários do feriado e as tarefas comuns do dia a dia que me fazem sentir como se pudesse justificar meu trabalho.

No fim das contas, simplesmente se trata de ser responsável por ninguém mais que a si próprio e não buscar desculpas mesmo quando elas estão logo ali na sua frente, pedindo para serem usadas.

É um ajuste complicado ter que encarar as tarefas difíceis, sobre as quais disse para mim mesmo que, depois de 23 anos trabalhando aqui, não merecia ter de fazer.

No final, acaba sendo uma grande oportunidade de usar os recursos fornecidos para fazer algumas mudanças necessárias e, às vezes, muito dolorosas. Tudo se resume ao fato de que, se eu não quiser ser disciplinado com relação às minhas atividades diárias, nada mudará, e a minha perspectiva nunca se tornará realidade.

Não tenho ninguém para culpar além de mim em caso de fracasso ou sucesso. O desafio é me manter, de alguma forma, em um estado de espírito que me permita *relembrar* que as pequenas coisas feitas hoje importam.

Agradeço por compartilhar esse processo de uma forma que mude meu jeito de pensar e, principalmente, de agir.

Isso não pode ser passageiro para mim, precisa ser uma mudança no estilo de vida que continuarei a desenvolver e aperfeiçoar. Não tenho a esperança de que hábitos antigos sejam fáceis de quebrar. No entanto, isso me permitiu criar um processo em vez de ter apenas o desejo de melhorar.

Danny entende claramente. Sempre há obstáculos e contratempos em qualquer esforço que valha a pena e é fácil usá-los como razões — ou melhor, *desculpas* — para você não ser capaz de completar o trabalho que precisa ser feito. Às vezes, você pode até se sentir justificado pelas desculpas. Certas circunstâncias que vão além do seu controle também podem tirá-lo do caminho — obstáculos intransponíveis que ninguém em sã consciência esperaria que você superasse.

Quando era garoto, Dustin Carter foi levado às pressas para um hospital, com uma doença rara no sangue. Para salvar sua vida, os médicos tiveram que amputar ambos seus braços e pernas. Você consegue imaginar? Eu não consigo. Já tive minha cota de desafios, mas nada como isso. Não posso começar a imaginar o horror em acordar de uma cirurgia sem os braços ou as pernas. Como não sentir pena de você mesmo, sentindo que a vida o pregou uma peça. Se alguém já teve uma razão para sentir pena de si mesmo, essa pessoa era Dustin.

O curioso é que, se Dustin se sentiu assim em algum momento, não foi por muito tempo. Além de não permitir que as limitações físicas o segurassem, aprendeu a se sobressair fisicamente. Imagine acordar um dia sem braços e pernas, pensando no que você fará da sua vida. De todas as escolhas possíveis, *praticar luta livre* certamente não estaria no topo da lista, certo? Não para Dustin. Foi justamente a luta livre que ele escolheu, e com direito a muito trabalho duro e horas de treino, ele se tornou um lutador bem-sucedido. Dustin fez mais que apenas superar suas limitações físicas; ele as *destruiu*! E, durante o processo, tornou-se fonte de inspiração para milhões de outras pessoas que vivem todo tipo de desafios.

Obstáculos? Está falando sério? Quando penso no que Dustin teve de superar e vejo as coisas que me impedem de avançar, fico com vergonha. E quanto a você? O que deixa que fique em seu caminho?

Pense nas barreiras e obstáculos que o têm impedido de atingir suas metas.

Não é hora de você parar de inventar desculpas e deixar as coisas ficarem entre você e a vida que quer ter? A vida que você vive atualmente é resultado de suas escolhas. Você pode culpar as circunstâncias, sua criação, sua família, as escolas que frequentou, seu chefe ou os políticos. O fato é que você não controla nada disso. O que você controla é a forma como responde. Assumir responsabilidade não é fácil e, às vezes, é bem desagradável, mas se você encara seus objetivos com seriedade, precisa tomar posse da sua situação.

Tomar posse significa parar de olhar para fora de si. Pare de deixar todas aquelas *coisas* impedi-lo de alcançar a vida que deseja e que é capaz de conseguir. No fim das contas, ninguém além de uns poucos amigos mais próximos realmente se importa se você se deu bem ou não. Você pode criar todas as desculpas que quiser; o mundo não está nem aí. É a verdade, por mais cruel que pareça. Ah, de vez em quando você pode ter um pouco de simpatia e talvez até uma cerveja de graça se tiver muita sorte, mas não passa disso. Entregar seu poder nunca criará o sucesso pelo qual anseia. Decida agora nunca mais deixar as desculpas servirem de obstáculo na hora de tornar seus objetivos realidade.

AÇÕES PARA CRIAR MAIOR RESPONSABILIDADE EM SUA VIDA

Seguem quatro coisas que você pode fazer para criar uma responsabilidade maior e conseguir mais do que quer para sua vida.

1. **Decida nunca mais ser a vítima.** Você não conseguirá uma vida de conquistas importantes se continuar a entregar seu poder. Tome a decisão de nunca mais ser a vítima. Observe quando está dando desculpas e se contentando com a mediocridade. Concentre-se nas coisas que você pode controlar. A responsabilidade é primeiro uma forma de pensar, depois se torna atitude. Para tornar sua perspectiva realidade, tome posse de seu pensamento, ações e resultados.

2. **Pare de sentir pena de si mesmo.** Sentir pena de si mesmo não cria nada além de autopiedade e, se você se esforçar, depressão. Não há problema em ficar desapontado e triste quando as coisas não saem do seu jeito, mas não deixe que isso perdure e vire autopiedade. Aprenda a lidar com seu pensamento e sua atitude.

3. **Esteja disposto a tomar ações diferentes.** Se você quer resultados diferentes, então será preciso ter disposição para fazer as coisas de forma diferente e tomar atitudes distintas. Como diz meu amigo Lou Cassara, autor do livro *From Selling to Serving*, se quer alguma coisa que não possui no momento, tem de fazer algo que não está fazendo atualmente. Agir não só mudará seus resultados; também mudará a sua atitude. Descobri que, quando estou me sentindo desestimu-

lado, uma das formas mais rápidas de mudar minhas perspectivas é agindo.

4. **Relacione-se com pessoas responsáveis.** A frase popular já diz: "Diga com quem andas que te direi quem és." As pessoas com quem você se relaciona fazem a diferença. Afaste-se de vítimas e pessoas que criam desculpas. Encare essa forma de pensar como uma doença contagiosa e mortal. Crie relações com pessoas que sejam responsáveis. Se tiver pessoas importantes na vida que são criadores de desculpas, seja uma influência positiva; faça com que leiam esse capítulo e criem responsabilidade.

"Todo mundo, mais cedo ou mais tarde, senta-se para um banquete de consequências."

— Robert Louis Stevenson

Tire alguns minutos agora e escreva abaixo quaisquer ações que você gostaria de tomar para criar mais responsabilidade na sua vida pessoal e no seu negócio:

—

—

—

—

—

—

Mudança de Pensamento

A escolha pela responsabilidade representa uma enorme mudança de pensamento. Como já discutimos, nossa sociedade a vê como consequência. Responsabilidade não é consequência; é propriedade. É a percepção de que, mesmo que você não controle as circunstâncias, controla como responder a elas. É a compreensão de que a qualidade de suas escolhas determina sua qualidade de vida. É reconhecer que você sempre, sempre, sempre tem uma escolha em qualquer situação. As suas escolhas em uma determinada situação podem não ser as mais atraentes, mas você ainda as tem, e isso é uma distinção importante e fortalecedora.

A forma como você pensa na responsabilidade influencia tudo.

Implementação em Equipes

Os benefícios em longo prazo da responsabilidade são bem claros: resultados melhores, maior senso de controle, menos estresse e maior senso geral de bem-estar tanto para organizações como para pessoas.

Imagine um cenário no qual a forma de pensar da sua empresa inclua a responsabilidade, em que ela seja vista como positiva e tenha os colaboradores concordando voluntariamente em ter relacionamentos responsáveis. Imagine a possibilidade de uma empresa em que, em vez de ter de responsabilizar as pessoas, isso simplesmente faz parte da forma como todos operam.

Líderes precisam ir além da compreensão que limita a noção de responsabilidade a consequências. Cada empresa com a qual trabalhamos fala sobre ter de responsabilizar seu pessoal. A responsabilidade não pode ser imposta, exigida ou coagida. Trata-se de uma consequência inevitável da liberdade. Na medida em que os gestores passam responsabilidades para seus comandados, eles ficam na defensiva e, ainda que sem querer, cria-se uma cultura de vítimas. O próprio ato de responsabilizar alguém não deixa espaço para a pessoa tomar posse de suas ações ou do resultado. Até o cara mais responsável entre nós, naturalmente, sentir-se-á coagido.

As pessoas entregam com base no que elas têm responsabilidade. Como um líder, uma das suas principais funções é promover a propriedade das coisas que mais importam. Entretanto, isso não acontecerá se você continuar a tentar empurrar responsabilidades para seus colegas de trabalho.

Não estou falando que você não encara as coisas. Não estou falando que não arca com as consequências. As consequências desempenham um papel na formação do comportamento, mas você nunca conseguirá um esforço arbitrário sem ter propriedade. Você precisa criar o espaço para suas pessoas para poder possuí-lo.

Veja algumas dicas sobre como criar responsabilidade dentro de sua organização.

- **Esteja ciente das conversas com pensamento de vítima.** Preste atenção em como você e os outros na empresa falam sobre o fracasso. Concentre essas conversas primeiro em reconhecer a realidade e, em seguida, no que pode ser feito de diferente para o futuro. Lembre-se de que os resultados estão diretamente ligados à nossa forma de pensar. Treine formas de pensar e falar que reconheçam a propriedade de suas ações e resultados.
- **Seja um exemplo de responsabilidade.** Ações têm mais impacto que palavras. Se você quer que os outros assumam responsabilidade, demonstre propriedade em forma de atitude. Seja um exemplo e torne o ato de assumir responsabilidade algo natural e seguro.

- **Esclareça as expectativas.** Responsabilidade começa com expectativas claras. Saber o que é esperado é fundamental para a responsabilidade individual e organizacional. Como pessoa, você precisa ser muito específico no que diz respeito aos resultados que espera e como avaliará o sucesso.
- **Aprenda com a vida.** Você errará. Você nem sempre conseguirá o resultado que busca, especialmente na primeira tentativa. Esses fracassos trazem muita informação. Aprenda a vê-los como comentários valiosos que podem ser usados para melhorar resultados futuros. Deus tem uma ótima forma de nos dar as mesmas lições, repetidamente, até que as aprendamos.
- **Concentre-se no futuro.** Responsabilidade não trata do passado, mas do futuro. Muitas vezes fazemos julgamentos bons e ruins sobre o passado quando, em muitos dos casos, foi apenas um tempo que passou. Esqueça o sentimento de culpa e olhe para a frente, concentrando-se no futuro e no que pode ser feito para obter melhores resultados.

Seus pensamentos e opiniões sobre responsabilidade definem suas ações e os resultados da organização. O que seria diferente se a sua visão mudasse? Como a forma de pensar seria diferente se você batesse de frente com outros colegas de trabalho em relação à sua liberdade? Como isso mudaria seu papel e relacionamento com os demais?

Quando você, no papel de líder, muda a forma como encara e pensa sobre responsabilidade, isso transforma a conversa, o relacionamento, os resultados e a própria empresa!

Armadilhas Comuns e Dicas para o Sucesso

Armadilha 1: você continua a ver a responsabilidade como consequência.

Nesse momento, a ideia de responsabilidade e consequência não serem a mesma coisa já deve estar clara. Continuar a pensar nisso o impedirá de alcançar seu potencial e limitará seriamente seus colegas de trabalho. Escreva em um papel e pendure-o na parede: *responsabilidade não é consequência; é propriedade.*

Armadilha 2: você olha para fora de si.

Esperar por mudanças dos elementos que estão além do seu controle é outra grande armadilha. Seja ela a economia, sua empresa, seu chefe ou sua esposa, esperar algo ou alguém mudar é extremamente improdutivo e frustrante.

Dica 1: reconheça a realidade.

Como dizia a ativista social norte-americana Elizabeth Cady Stanton: "A verdade é o único território em que se pode pisar com segurança." Responsabilidade lida com a realidade. Ao assumir total propriedade, não há espaço para nada além de franqueza honesta com si mesmo e os demais. A situação é essa. A única chance que você tem de melhorar isso começa com reconhecer a realidade.

Dica 2: concentre-se no que você pode controlar.

Para ser eficaz, você preferirá se concentrar nas coisas que pode controlar. Você não controla as circunstâncias ou os outros. As únicas coisas sobre as quais tem controle são sua forma de pensar e suas ações. Gaste sua energia nas coisas que controla. Trabalhe para manter atitudes e pensamentos produtivos.

CAPÍTULO 19

COMPROMISSOS PARA DOZE SEMANAS

Este é um e-mail que recebi do meu amigo Mick White.

Hoje completo 36 anos. Isso está no meu coração há um tempo. É hora de dividir.

Há aproximadamente dois anos (no calendário gregoriano, não no do Ano em Doze Semanas), passamos pelo treinamento do Ano em Doze Semanas. Muita coisa aconteceu nesses dois anos, tanto pessoal como profissionalmente. Gostaria de dividir uma história sobre como o método me impactou pessoalmente, já que sei que você ouve o tempo todo sobre as coisas maravilhosas que ele tem proporcionado ao nosso negócio.

Na tarde do segundo dia do seminário, você falou sobre o conceito de compromissos e apontou as quatro características fundamentais para compromissos bem-sucedidos: 1. Forte desejo; 2. Ações fundamentais; 3. Ter consciência dos custos; e 4. Aja com base nos compromissos, não nos sentimentos. Ao pensar sobre o que realmente me comprometeria a fazer (como Noé correndo atrás de mosquitos), queria um compromisso verdadeiro, que mudaria a minha vida. Lembro-me de escrever meu compromisso e pensar comigo mesmo: "Espero que ninguém mais veja isso... e certamente espero que Brian não me chame na hora de compartilhar os compromissos."

Veja só, escrevi que telefonaria para minha mãe todos os dias de segunda a sexta. Parece simples, não?

Minha mãe e eu tínhamos um relacionamento muito bonito. Ela era minha principal incentivadora, e eu, sua rocha. Não havia nenhuma mulher como ela. De 30 de setembro de 2009 a 11 de junho de 2011, telefonei para ela todos os dias, de segunda a sexta (tirávamos os fins de semana de folga). Não era sempre fácil achar tempo durante o dia. Não era sempre conveniente. E infelizmente, tenho vergonha de dizer isso, mas às vezes parecia um peso.

No entanto, e eu sei disso, é que era a alegria do dia da minha mãe. Cada vez que eu ligava, era o ponto alto do dia dela. Hoje, pensando bem, era a luz do meu dia.

Por conta desse compromisso que fiz em 1º de outubro de 2009, minha mãe e eu falamos no telefone pelo menos 440 vezes durante aquelas 88 semanas. Tenho alguns recados memoráveis, memórias muito, muito maravilhosas, e uma relação mais profunda com a minha mãe.

O último dia em que falei com a minha mãe foi em 11 de junho de 2011, uma sexta-feira, já que ela faleceu de forma inesperada na manhã de segunda-feira, 13 de junho.

Para o meu atual plano de doze semanas, não pude acrescentar "telefonar para sua mãe todo dia, de segunda a sexta-feira", como um compromisso. Não há sequer um dia no qual gostaria de telefonar para ela. No meu aniversário, adoraria poder ouvir sua voz.

O compromisso que assumi mudou a minha vida. Estou eternamente em dívida com você. Estou COMPROMETIDO a executar meu novo plano, pois quero trabalhar para ser a pessoa que minha mãe sempre pensou que eu era.

Na mensagem acima, fiquei impressionado ao ver como um compromisso tão simples pode ter um efeito tão profundo. Às vezes é o menor deles que tem o maior impacto quando levado adiante. E cumprir compromissos por doze semanas realmente pode mudar vidas.

O Poder dos Compromissos

Compromisso é o segundo dos três princípios do Ano em Doze Semanas. Segundo a quarta edição do *American Heritage Dictionary*, a palavra é definida como "o estado de ser ligado emocional ou intelectualmente a um rumo de ação, a outra pessoa ou pessoas". Trata-se de uma escolha consciente para agir de modo a criar um resultado desejado.

Compromissos têm poder. De certa forma, são a responsabilidade com vistas ao futuro. Você decide de antemão que fará tudo o que for possível para atingir sua meta e, quanto mais responsável for, maior é a probabilidade de cumprir as promessas.

> **Compromisso:** "O estado de ser ligado emocionalmente ou intelectualmente a um rumo de ação."

Todos nós temos exemplos em nossas vidas ligados ao poder do compromisso. É um momento no qual nos concentramos em busca de uma meta ou objetivo, e estamos dispostos a fazer o que for preciso para alcançá-lo. Relembre um momento como esse na sua vida. O que você estava sentindo conforme foi avançando e manteve seu compromisso? Como se sentiu ao atingir a meta? Como se sentiu em relação à capacidade de atingir outras metas? Como a perspectiva do seu objetivo final afetou suas decisões e ações, mesmo quando esteve diante de adversidade ou prestes a desistir?

Quero olhar para os compromissos em dois níveis. O primeiro descreve o que chamamos de compromissos pessoais, aqueles que fazemos com nós mesmos. O segundo diz respeito aos compromissos que fazemos com os outros — nossa palavra. Vamos começar com os pessoais.

COMPROMISSOS PESSOAIS

Um compromisso pessoal é uma promessa que você faz consigo mesmo para realizar ações específicas. Pode ser trabalhar de forma mais consistente, passar tempo com a família, parar de fumar ou dar um determinado número de telefonemas comerciais a cada dia. Tire alguns minutos agora e pense em dois compromissos pessoais que ficaram guardados com você.

- Identifique dois compromissos pessoais que conseguiu cumprir:

——
——
——

Agora pense nos resultados obtidos ao manter esses compromissos. Como se sentiu? Foi mais fácil realizar e seguir com outros compromissos depois do que aconteceu com esses primeiros? Como se sentiu em relação à capacidade de fazer o necessário para obter o resultado, não importa como? Escreva sobre isso abaixo.

- Benefícios de manter compromissos pessoais:

——
——
——

No Capítulo 9, falamos sobre como os compromissos são poderosos, mas ainda há momentos em que todos nós sofremos para cumprir os compromissos que assumimos.

Resoluções de Ano Novo são sempre bons exemplos desse tipo de problema. Na verdade, a maioria delas é abandonada muito antes de o objetivo estar perto de ser atingido. Vejamos por que isso acontece. Para construir o seu pensamento, usaremos a metáfora do iceberg (veja a Figura 19.1). Como você provavelmente já sabe, uma pequena porção dele — aproximadamente 10% — está acima da linha de água, enquanto a maior parte está submersa abaixo dela. O que estou sugerindo é que os seres humanos são muito parecidos com icebergs pelo fato de, a qualquer momento, termos consciência de apenas uma pequena fração dos nossos pensamentos, emoções e sensações físicas — acima da nossa linha.

Usando a metáfora do iceberg, onde você acha que as intenções se enquadram: acima ou abaixo da linha de água? Se pensar sobre isso, perceberá que elas ficam em ambas as partes.

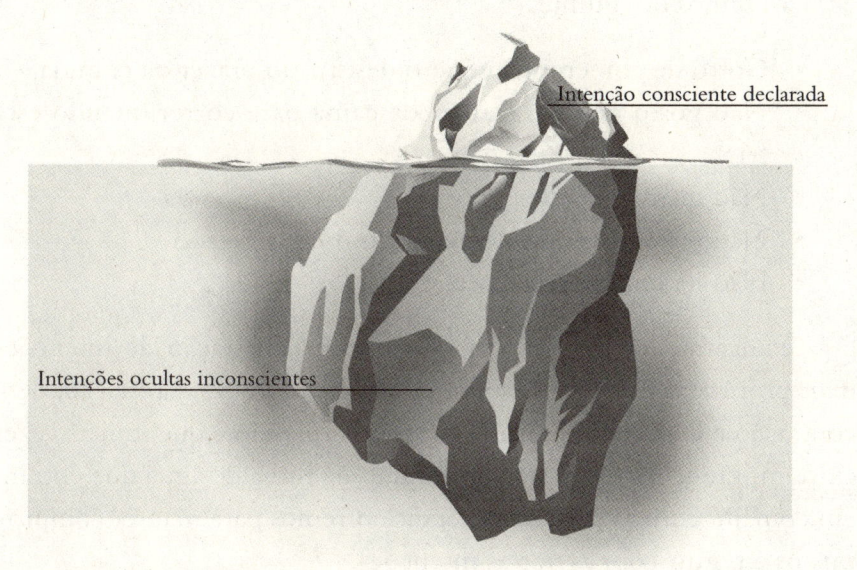

Intenção consciente declarada

Intenções ocultas inconscientes

Figura 19.1 O iceberg das intenções.

Isso significa que temos intenções das quais estamos cientes — as declaradas — e aquelas de que não fazemos ideia — as ocultas. Muitas vezes, as intenções declaradas das quais estou ciente estão em conflito com as que desconheço. Vejamos um exemplo de intenções conflitantes.

Uma resolução comum de Ano Novo é perder peso. Durante nosso seminário, sempre perguntamos: "Quem aqui está acima do peso de acordo com seu padrão?" Geralmente, metade da sala levanta a mão. Pense novamente na pergunta: "Você se considera acima do peso de acordo com seu padrão?" Se a resposta for sim, então é um caso de intenções conflitantes. No nível de 10%, sua meta é chegar ao peso ideal, mas nos 90%, com base nos resultados, você possui objetivos diferentes.

Quando pedimos aos participantes para listar algumas intenções ocultas, temos o seguinte:

- Gosto de comer e não quero desistir do prazer da comida.
- Não gosto de me levantar da cama para correr quando está frio.
- Não quero me esforçar.
- Não me vejo com esse peso; sempre fui pesado.
- Não há tempo suficiente.

Tecnicamente, essas razões são uma manifestação de intenções mais profundas, como o desejo por conforto, prazer, satisfação, descontração e legitimidade, entre outros. A questão é que muitas vezes existem intenções escondidas por baixo da linha de água que entram em conflito com as declaradas, então sofremos para manter compromissos e seguir com as nossas intenções.

O compromisso bem-sucedido acontece quando suas intenções declaradas são mais fortes que as ocultas, ou quando você resolve o conflito de forma consciente.

Analisemos um exemplo no mundo corporativo. Para muitos profissionais da área de vendas, receber indicações com frequência pode ser a diferença entre o sucesso e o fracasso. Porém, até mesmo vendedores que têm a intenção declarada de pedir um certo número de indicações por semana geralmente não o fazem. É claro que há alguma coisa nisso. Quais seriam algumas das suas intenções ocultas no que diz respeito aos pedidos por indicações?

Intenções ocultas possíveis:

- Não mereci a indicação.
- Não quero arriscar a venda atual pedindo uma indicação.

- Tenho medo de ser rejeitado.
- Não quero que pareça que estou necessitado.
- Quero que gostem de mim.
- Pode tornar a situação desconfortável.

A probabilidade de um representante de vendas com as intenções ocultas descritas acima pedir uma indicação está perto de zero. Para ser eficaz, ele deve primeiro deixar claro que essas intenções existem, para conciliá-las com o desejo de receber indicações.

No Capítulo 9, apresentamos as quatro características para compromissos bem-sucedidos. Que tal relembrá-las:

1. Forte desejo.
2. Ações fundamentais.
3. Tenha consciência dos custos.
4. Aja com base nos compromissos, não nos sentimentos.

Hora de colocá-las em prática agora.

EXERCÍCIO DE COMPROMISSO

Neste exercício, colocamos você para trabalhar no processo de criação de uma série de compromissos para doze semanas.

Abaixo está uma planilha de compromissos com passos que você pode seguir para completar.

1. Em primeiro lugar, determine objetivos que representariam algo realmente marcante para você em uma das categorias da roda dos compromissos: espiritual, cônjuge/relacionamentos, família, comunidade, físico, pessoal ou profissional. Escreva essas metas na seção da Figura 19.2 chamada "declarações de metas". Lembre-se de que elas têm de ser positivas e explicadas da forma mais específica possível; e faça com que sejam mensuráveis. Usaremos o seguinte exemplo: pesarei 84 quilos e terei 10% de percentual de gordura no corpo.

2. Em seguida, determine a ação fundamental que terá o maior impacto para atingir seu objetivo. É importante lembrar que não estamos dizendo que essa é necessariamente a única ação que precisará tomar; é somente aquela com mais impacto. O ideal é que essa atitude seja algo que você pode fazer todo dia ou semanalmente. Escreva uma ação para cada meta na coluna chamada "ações fundamentais".

   Seguindo com meu exemplo de ficar em forma, existem muitas coisas que posso fazer para perder peso e melhorar meu condicionamento físico. As duas ações básicas são dieta e exercício, mas dentro delas tenho diversas opções no que diz respeito às minhas escolhas nutricionais e hábitos de exercício. Preciso escolher uma ação que, acima de tudo, terá um impacto positivo na minha forma física. O ideal é que ela me sirva de incentivo para desempenhar as outras também.

Pessoalmente, se vou para a academia quatro ou mais vezes por semana, meus hábitos alimentares automaticamente melhoram, portanto, minha ação fundamental para entrar em forma é malhar.

Esse passo é importante, pois para ser bem-sucedido você precisa se comprometer não apenas com sua meta, mas também, e principalmente, com sua ação fundamental!

3. Agora, determine os custos que você terá para poder executar essa ação consistentemente toda semana. Escreva-os na caixa chamada "custos do compromisso". É aqui onde você destaca todas as intenções ocultas que podem entrar em conflito com seu objetivo declarado. Por exemplo, malhar todo dia fará com que você não veja TV, deixe de jogar golfe, socialize menos, passe menos tempo com sua família, acordar cedo e se exercitar não importa o quão cansado esteja. Fazer dieta significará deixar de lado algumas de suas comidas favoritas, reduzir o número de idas a restaurantes e comer porções menores.

4. Finalmente, marque as ações fundamentais pelas quais você está disposto a se sacrificar. Agora elas serão seus compromissos para o próximo ano em doze semanas! Essas são as ações que você colocará no seu plano e realizará semanalmente.

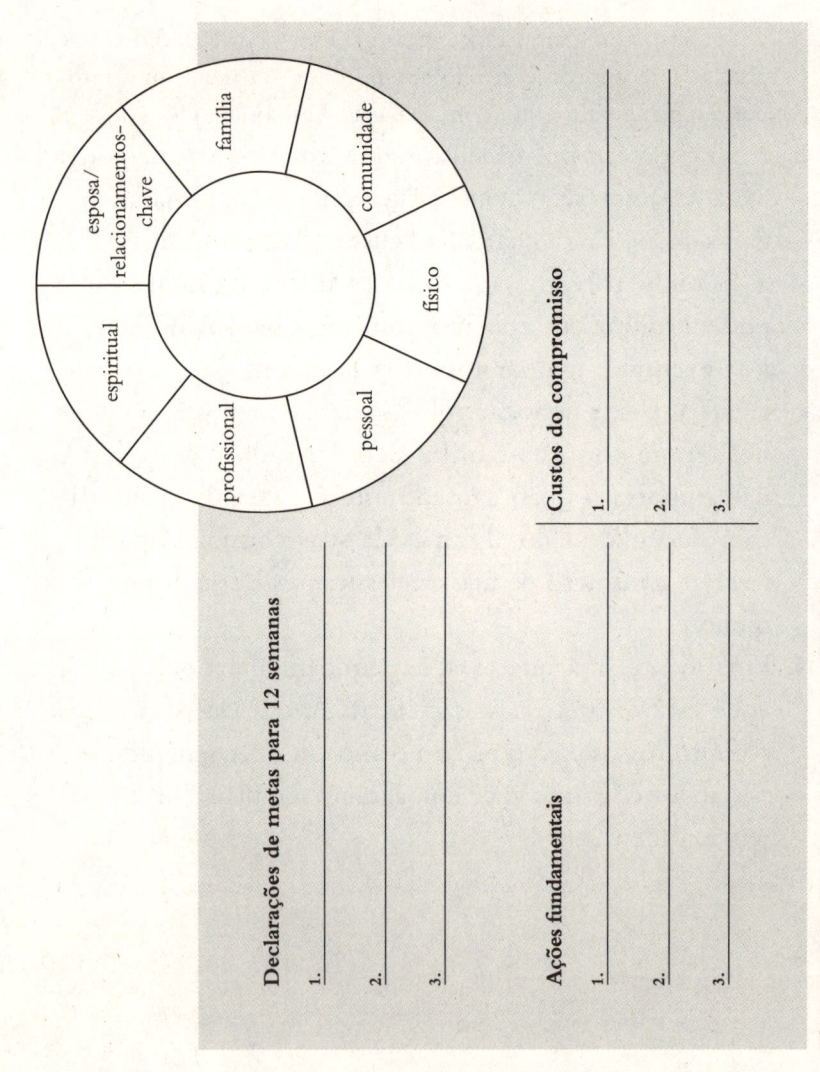

Figura 19.2 Compromissos pessoais são uma forma excelente de criar mudanças na sua vida a cada doze semanas.

COMPROMISSO COM OS OUTROS

O segundo tipo de compromisso que quero explorar se refere às promessas que você faz aos outros. Para começar a entender como ser ainda mais bem-sucedido ao mantê-las, tire alguns minutos e responda às perguntas abaixo:

- Pense em um momento em que alguém lhe prometeu algo que era muito importante para você e isso acabou não acontecendo. Descreva a situação e como você se sentiu.
- Pense em um momento em que você prometeu algo a uma pessoa e isso acabou não acontecendo. Como ela se sentiu? Como você se sentiu?
- Qual é o impacto das promessas quebradas por cada parte e nos relacionamentos?
- Quando pedimos aos participantes dos nossos seminários que nos digam as consequências de uma promessa quebrada, ouvimos o seguinte:

  - Perda da integridade
  - Perda da segurança na pessoa que nos decepcionou
  - Perda de confiança
  - Quebra do relacionamento

A lista é pequena e muito grave! Deixar de cumprir compromissos destrói relacionamentos e contribui para problemas de fracasso e autoestima.

A maior parte dos problemas nas relações é gerada por promessas não cumpridas, sejam implícitas ou explícitas. Promessas explícitas são suas declarações, e as implícitas são deduzidas. Alguns exemplos claros de promessas implícitas são:

- Para um pai ou uma mãe, proteger seu filho de qualquer mal
- Para um cônjuge, amar e confortar seu(sua) parceiro(a)

- Para um líder, dar perspectiva e agir de forma justa
- Para um líder, dar chances de treinamento e desenvolvimento

Todos nós temos promessas implícitas com os outros das quais precisamos estar cientes. Quais são suas promessas implícitas na sua vida pessoal e profissional? Como você está cumprindo isso? De que maneira você pode melhorar?

Assim como há medidas para fazer e manter compromissos pessoais, também há passos-chave para manter as suas promessas feitas aos outros:

- **Um forte desejo de manter sua palavra.** Se sua palavra significa pouco, então você lutará para manter suas promessas. Se entender as consequências de quebrar promessas e os benefícios de mantê-las, e se sua palavra é importante para você, consequentemente estará mais propenso a manter as promessas feitas para os outros.

- **Tenha consciência dos custos.** Assim como nos compromissos pessoais, é importante ter consciência dos custos antes de prometer alguma coisa a alguém, mesmo que haja momentos em que seja difícil parar para pensar neles. Caso se comprometa e perceba depois que não será capaz ou não terá vontade de cumprir, renegocie a promessa rápido, antes que o prazo dela passe.

- **Aja com base nos compromissos, não nos sentimentos.** Da mesma forma que nos compromissos pessoais, haverá alguns momentos em que você se cansará ou não se sentirá a fim de continuar. É nessas horas que você precisará agir com base nos seus compromissos, e não nos sentimentos.

Mudança de Pensamento

Para ser consistente com seus compromissos, é preciso alinhar sua forma de pensar com algumas ideias fundamentais. A primeira delas é a de que não há problema em dizer não. Pessoas preferem que você diga não do que quebre uma promessa. O problema é que, naquele momento, pode ser difícil negar algo porque você não quer desapontar ninguém. Eles estão ali, na sua frente, e você tem essa chance de colaborar e ajudá-los. É muito melhor dizer sim do que não. Porém, enquanto uma recusa pode frustrar as pessoas naquele momento, é melhor fazer isso agora do que se mostrar muito comprometido e não cumprir. É tranquilo falar não. De verdade.

Como os compromissos também exigirão sacrifícios, será preciso que você faça uma autorreflexão para colocar na balança os benefícios em longo prazo e a inconveniência e desconforto do curto prazo. Uma gratificação atrasada é o pensamento produtivo. Esse não é um conceito no qual muitos estão interessados, embora ele permaneça sendo a forma mais fácil de chegar aos seus objetivos. É por isso que o primeiro aspecto do compromisso eficaz é o desejo forte. O pensamento do compromisso é o de escolher resultados agradáveis em vez de atividades agradáveis.

Ao lidar com compromissos e quaisquer coisas que você leve a sério, não desista mentalmente. Jim Collins escreveu um belo artigo para a revista norte-americana *Fast Company* chamado "Lições de Liderança de um Escalador de Montanhas" [em tradução livre]. Ele apresenta o conceito de fracasso contra o de fascínio. Jim usou sua própria experiência para descrever o conceito. Veja um trecho:

> Fracasso e fascínio. A distinção é sutil, mas faz toda a diferença no mundo. Sob efeito do fascínio, você ainda não está no caminho, mas nunca desiste. No fascínio você cai; no fracasso, desiste. Estar fascinado significa ir para cima — mesmo que as chances de sucesso sejam menores

que 20%, 10% ou até 5%. Você não guarda nenhuma reserva, nenhum recurso mental ou físico. Você nunca desiste mentalmente: "Bem, na verdade não dei tudo de mim... poderia ter feito meu melhor." No fascínio, você sempre se esforça ao máximo — apesar do medo, dor, ácido lático e incerteza. Para quem está fora, fracasso e fascínio parecem iguais (você voa pelo ar em ambos), mas a experiência interna do fascínio é totalmente diferente da do fracasso.

Você só achará seu verdadeiro limite quando se render ao fascínio, não ao fracasso.

Por definição, compromissos exigem que você vá "rumo ao fascínio, não ao fracasso". Coloque agora na sua cabeça que o processo é mais importante que o resultado. Você não controla o resultado; o que controla são suas ações. Não se preocupe com o fato de seu objetivo ser muito grande ou que você pode ficar aquém dele, e daí? Quando você se compromete, você não desiste.

A sugestão final sobre seu modo de pensar é a seguinte: você precisa saber que, sempre que superar o medo, a incerteza e a dúvida que acompanham cada desafio, os benefícios vão além daquela situação em particular e estabelecem quem você se torna no processo. É muito estimulante e libertador saber que, se você diz que fará alguma coisa, poderá contar com suas próprias forças para superá-la!

IMPLEMENTAÇÃO EM EQUIPES

No papel de líder, sua capacidade de assumir e manter compromissos é essencial para construir e manter relações fortes, além de uma força de trabalho produtiva. Promessas não cumpridas esgotam saldos emocionais e prejudicam relacionamentos.

Jim, um de nossos clientes e atual CEO de uma empresa bem-sucedida de serviços financeiros, estava em uma reunião com um de seus comandados e sentiu uma tensão. A conversa parecia menos aberta e muito mais tensa que o habitual, então Jim resolveu enfrentar o problema e perguntou se havia algo errado. A pessoa disse que Jim tinha concordado em fazer alguma coisa, mas não manteve o compromisso. Até aquele momento, Jim não fazia ideia da promessa quebrada. Ao retornar às suas anotações, sem dúvida, lá estava ela, a obrigação de checar um item e retornar ainda naquela semana. Dois meses já tinham se passado desde o momento em que ele se comprometeu com o colaborador.

O que acho interessante nessa situação é que o funcionário nada tinha dito sobre o assunto. Talvez ele nunca viesse a falar se Jim não tivesse tido a sacada de perceber e a coragem de perguntar, mas claramente estava afetando a forma como via seu gerente e a relação de trabalho com ele.

Você não será perfeito, mas sempre que possível esteja ciente dos compromissos feitos e faça tudo o que estiver ao seu alcance para que eles sejam cumpridos a tempo.

Se a sua intenção na empresa é implantar uma forma de pensar que é boa em manter compromissos e pessoas que cumprem o que dizem, então seja um modelo para sua equipe.

ARMADILHAS COMUNS E DICAS PARA O SUCESSO

Armadilha 1: você deixa de cumprir um compromisso e desiste.

Às vezes a vida fica no caminho e você não é capaz de cumprir seus compromissos, então não decepcione a si mesmo e aos outros. Quando isso acontecer, é importante retomar o rumo. Não desista!

Armadilha 2: você não consegue encarar compromissos perdidos.

Um compromisso não deve ser abandonado quando fica difícil. Quando aparecem obstáculos para cumprir um compromisso, é importante achar a razão disso. Encare a falha de uma vez e se comprometa novamente a pagar o preço. Dessa forma, você desenvolve sua habilidade de assumir e cumprir compromissos no futuro.

Armadilha 3: você não valoriza sua palavra.

Às vezes mantemos promessas que não podemos cumprir. Muitas vezes sabemos disso antes de fazer a promessa. Evitamos as dores do relacionamento em curto prazo ao dizer sim quando deveríamos falar não. O problema é que, ao quebrar sua palavra, você prejudica relacionamentos. Outros acham que não podem mais confiar em você. Quando você valoriza sua palavra, evita fazer promessas que não pode ou não manterá.

Dica 1: não se comprometa demais.

Compromissos são sérios; trate-os assim. Não faça mais do que pode aguentar. Com relação aos compromissos pessoais, manter dois ou três geralmente é muito, e em alguns casos comprometer-se com apenas uma coisa é até melhor. Nas promessas aos outros, saiba que a maioria das pessoas prefere ouvi-lo dizer não do que dizer sim e não cumprir.

Dica 2: compartilhe seus compromissos.

Se você leva seus compromissos a sério, então divida-os com alguém que você confie. Toda vez que você contar a um amigo ou colega de trabalho sobre um compromisso, isso cria um nível extra de determinação da sua parte para seguir adiante.

Dica 3: conte com um amigo.

Assim como em muitas coisas na vida, tudo se torna mais fácil com um amigo. Sempre que possível, encontre um amigo, colega de trabalho ou membro da família para se envolver com você. O apoio e incentivo aumentam suas chances de sucesso e tornam o processo mais divertido.

CAPÍTULO 20

SUAS PRIMEIRAS DOZE SEMANAS

O objetivo deste capítulo é mostrar a você um caminho já testado para as próximas doze semanas, para que possa aplicar os conceitos do método na sua vida e na sua carreira. Escrevemos este livro com o propósito fundamental de ele poder ser executado como está escrito. Você não precisa de mais nada para seguir adiante, então, vamos começar!

Segundo pesquisas sobre o que é preciso para fazer a mudança acontecer e se manter, existem algumas coisas que você pode fazer para aumentar suas chances de ser bem-sucedido com o Ano em Doze Semanas. A abordagem que destacamos neste capítulo, assim como o design básico do próprio programa, aproveitam o que é preciso para você mudar de fato.

Ao ler este capítulo, sinta-se à vontade para mergulhar em outras seções relevantes do livro para buscar mais detalhes e ideias para apoiá-lo. Nosso principal desejo é ajudá-lo a conseguir novos resultados em sua vida. Conforme aplicar o método do Ano em Doze semanas, envie-nos um e-mail para sabermos como você anda.

O Ano em Doze Semanas é montado para ajudá-lo a executar as tarefas no seu melhor rendimento, por meio de uma ação mais eficaz. Porém, para entender *todo* seu valor, aqui vão algumas coisas que o auxiliarão a aumentar suas chances de sucesso.

Monstros da Resistência

Todos nós seríamos pessoas ótimas se não nos deparássemos com resistência ao buscar nossos propósitos de vida. Na realidade, o mundo exige um esforço para que grandes feitos aconteçam, e é justamente isso que impede muitos de chegarem até onde podem.

Se você leu o livro até este ponto, tem consciência das muitas barreiras até a transformação. Aliás, o ciclo emocional da mudança mapeia a resposta a essas barreiras ao longo do tempo. A boa notícia é a de que há coisas simples que você pode fazer para superá-las, porém, ajuda estar ciente das próprias barreiras inicialmente.

As barreiras para mudar são os monstros que enfrentará antes de poder alcançar seus objetivos. Assim como o monstro que ficava embaixo da sua cama todas as noites quando você tinha seis anos, o da resistência parece ser muito menos assustador à luz do dia. Então vejamos algumas das barreiras mais comuns à variação.

Existem tantos bons livros que se aprofundam nas barreiras da mudança; *Switch: como mudar as coisas quando a mudança é difícil*, de autoria de Chip e Dan Heath e publicado no Brasil pela Alta Books; *O Poder do Hábito*, de Charles Duhigg; e *Feel the Fear and Do It Anyway*, de Susan Jeffers, são alguns dos nossos favoritos. Para saber mais sobre as barreiras e suas soluções, recomendo ler essas grandes obras. Porém, agora quero apenas ligar os pontos entre as barreiras comuns para a mudança, de modo a estabelecer a lógica dos importantes recursos do ano de doze semanas.

A Busca pela Gratificação Imediata

Quando as pessoas têm escolha, quase sempre optam pelo conforto imediato e certo em curto prazo, em vez de se beneficiarem em longo prazo, a não ser que uma razão convincente prove o contrário. Isso significa que, mesmo se uma mudança venha a ser extremamente favorável quando executada, muitos não a preferirão caso os sacrifícios imediatos tenham mais peso que os benefícios.

Para mudar a tendência de escolha do conforto em vez do crescimento, o Ano em 12 Semanas traz sua perspectiva para o presente por meio do objetivo para o mesmo período. A meta liga as ações que você realiza a cada dia como parte do seu plano para chegar à perspectiva em longo prazo. É por isso que uma das recomendações é reavaliar sua visão por, pelo menos, alguns minutos diariamente.

Um dos nossos clientes que trabalha com vendas nos confessou que detestava conhecer novas pessoas! Esse era um problema na sua profissão, já que, na maioria dos casos, é o primeiro passo obrigatório para vender alguma coisa. Ele nos disse que superou esse problema, que poderia inclusive ter lhe custado a carreira, relendo sua perspectiva em voz alta, sentado no carro, sempre antes de sair para uma reunião com um novo cliente. Dessa forma, ele se reconectou à sua motivação pessoal, seu *porquê* de trabalhar naquilo em primeiro lugar.

Ao comportar-se dessa forma sempre que conhecia alguém novo, ele reiniciava sua relação custo/benefício para aquele momento. Em vez de escolher o conforto em curto prazo, preferiu a perspectiva, e em meio a isso acabou optando por encontrar novos clientes. Sua visão em longo prazo e suas atitudes estavam propositalmente e fortemente alinhadas.

GRANDE MUDANÇA E OBJETIVOS MÚLTIPLOS

Um estudo feito por Amy N. Dalton e Stephen A. Spiller descobriu que os benefícios do planejamento se reduzem rapidamente, se não completamente, se você buscar e se planejar com mais de um objetivo.

A pesquisa diz ainda que o ato de se planejar para diversos objetivos desestimulava as pessoas quando tinham de considerar todos os obstáculos e restrições, além de abdicar de atividades que lhe trouxessem satisfação, em busca dessas metas. Intuitivamente, isso faz algum sentido. Quando as pessoas se deparam com grandes projetos, como limpar uma casa muito bagunçada com diversos quartos, e outros subprojetos decorrentes, como lavar uma pilha de roupa e limpar os carpetes sujos, elas podem se sentir sobrecarregadas e acabar desistindo de fazer qualquer coisa.

Isso também faz sentido no contexto do ciclo emocional da mudança, apresentado no Capítulo 12. A mudança do primeiro estágio, o otimismo desinformado, para o segundo, o pessimismo informado, começa com o desenvolvimento de um planejamento por escrito, que identifica os sacrifícios a serem feitos para se chegar ao objetivo. A forma como você pensa sobre a grandeza do esforço de execução afeta sua vontade de agir.

Imagine por um momento que você planeja equilibrar seu orçamento pessoal, tem uma meta de perda de peso com um programa de dieta e exercícios, pretende se casar em seis meses e, ainda por cima, acaba de assumir um novo cargo de gerente de projetos, que é movido por objetivos!

Agora imagine mais uma meta além de todas essas. Você decide, por exemplo, dirigir de Cleveland para Chicago para ir a um casamento no próximo sábado. Além de tudo o que já tem para resolver, você acabou de adicionar uma nova meta (ir ao casamento) e novos planos (instruções para chegar lá). De acordo com a pesquisa, você deve estar sobrecarregado e rejeitando planos por completo, fazendo decisões de acordo com o que considera certo naquele momento.

Mas não é isso que você faz, certo? Na verdade, você entra em seu carro e, usando as instruções, chega a tempo para o casamento. Como isso é possível? Bem, a resposta é óbvia: você está realizando apenas uma meta naquele momento quando está dirigindo. Você não está completando um projeto, organizando suas finanças ou se exercitando enquanto dirige. Você separa e deixa de lado as metas e ações divergentes, preferindo se concentrar em executar cada uma das instruções por vez até chegar ao seu objetivo. Você não pensa na viagem de uma forma que ela o sobrecarregue.

Acontece que usar essa forma de encarar a viagem funciona também para seus outros objetivos. Dirigir limita o seu foco porque você não pode fazer mais nada. Você pode até pensar nas metas restantes enquanto muda de faixa e dá uma checada no mapa — em um longo trecho de estrada, por exemplo —, mas quando está nas curvas, tudo o que está fazendo é se concentrar na direção.

No livro *Switch: Como mudar as coisas quando a mudança é difícil*, Chip e Dan Heath afirmam que, quando sua percepção do tamanho de uma grande mudança diminui em sua mente, é mais provável que você consiga realizá-la. É importante ressaltar que a principal meta não encolhe; é apenas seu *pensamento* sobre o tema que importa.

Dalton e Spiller também confirmam isso. Segundo seu estudo, se você *acha* que conseguir diversos objetivos *é* realmente possível, então *está mais propenso a realizá-los,* e o planejamento acaba ajudando também nessa situação. Se pensa que seu plano é gerenciável, você o executará e se beneficiará dele! Em outras palavras, a forma como você pensa na sua estratégia influencia sua habilidade de executar!

O *Switch* descreve duas formas de "minimizar" a mudança: primeiro, limite o investimento inicial de tempo (por exemplo, gaste cinco minutos limpando) e, em segundo lugar, estabeleça marcos de progresso que estão rapidamente ao seu alcance (limpar o banheiro pequeno). Ao fazer isso, sua forma de pensar sobre tamanho da mudança muda, você sai da inércia e começa a agir.

O próprio método do Ano em Doze Semanas é feito para criar um senso de progresso mensurável desde o início. De fato, simplesmente por chegar a esse ponto da leitura você já deu os primeiros passos bem-sucedidos rumo a seu primeiro "ano".

Em doze semanas, seu progresso é visível e imediato. Seu primeiro dia com um plano semanal o coloca em um grupo de elite de pessoas que estão se mexendo para alcançar novos patamares em suas vidas. Se implementar as rotinas do Ano em Doze semanas, estará imediatamente agindo para se tornar experiente na execução, uma habilidade que gerará muitos frutos para o resto da sua vida.

As disciplinas do Ano em Doze Semanas também o mantêm no caminho, mesmo quando você possui diversos objetivos. Quando você define metas de curto prazo de doze semanas com ações diárias e semanais, você tem, como parte delas, instruções detalhadas para chegar a cada meta. Além disso, acompanha o progresso imediato a cada dia, enquanto a cada semana distribui seu tempo entre blocos estratégicos para mantê-lo concentrado em um objetivo e uma atitude por vez. Juntos, os componentes do método ajudam você a superar a barreira das metas múltiplas para uma execução feita um dia de cada vez.

Hábitos Antigos

Seus resultados atuais são fruto de como você age hoje em dia. Para criar novos desfechos como atingir a meta das doze semanas, por exemplo, terá de fazer as coisas diferentes e de forma diferente. O problema é que o ambiente à sua volta e seus estímulos antigos o provocarão a seguir com seus ciclos de comportamento e hábitos passados.

No livro *O Poder do Hábito*, Charles Duhigg apresenta uma abordagem, em quatro passos, que cria novos hábitos e supera os antigos. O autor aponta como um dos aspectos mais importantes do método a necessidade de trabalhar com base em um planejamento. Um plano de ação por escrito, chamado na psicologia de "intenções de implementação", ajuda a criar comportamentos mesmo na presença dos estímulos antigos à sua volta. Essa estratégia traz um novo conjunto de escolhas de ação consciente, que auxilia a criar resultados inéditos no ambiente antigo.

A rotina de execução semanal do Ano em Doze Semanas cria um ambiente de realização de tarefas, com uma série de novas sugestões de ação e comportamentos planejados que mudam tudo. Se você cumprir à risca a rotina, é provável que cumpra o objetivo para as doze semanas.

Pensar como Vítima

Às vezes as pessoas abdicam do seu poder exterior ao ver suas barreiras como intransponíveis. Elas *poderiam ser* excelentes, mas as circunstâncias não as deixam ser assim.

Enquanto você achar que a solução para sua grandeza está do lado de fora, não terá nenhuma força para mudar. Na verdade, as únicas coisas que você controla são a maneira como pensa e como age; para todo o resto, o que pode ser feito é tentar influenciar. Responsabilidade pessoal — propriedade sobre sua perspectiva, metas e planejamento — é a coisa mais importante que você pode fazer para ser excelente. Releia os Capítulos 8 e 18 para se lembrar do poder da responsabilidade como propriedade. Elas provavelmente são as seções mais marcantes do livro.

Suas Primeiras Doze Semanas

Seu primeiro ano em doze semanas pode muito bem ser o mais importante. Se você decidir não se aprofundar no método enquanto se familiariza com ele, provavelmente não terá grandes resultados. Foi isso que aconteceu com Casey Johnson, que primeiro deu pouca importância e teve belos resultados quando se envolveu completamente com o sistema.

Para aproveitar ao máximo o Ano em Doze Semanas, meu conselho a você é render-se a ele desde o início. Deixe o seu ego de lado e reconheça que alguém pode saber algumas coisas que você não sabe, e eles talvez sejam capazes de ajudá-lo a ser melhor.

Fui apresentado pela primeira vez ao Ano em Doze Semanas em março, quando minha empresa organizou uma sessão de treinamento de dois dias com os autores do livro. No começo, não me convenci. Não me interessei muito pelo conceito e não vi muita coisa em termos de melhoria.

Pensei que já sabia o que precisava fazer para ser bem-sucedido e senti que não havia nada que pudesse aprender com o Ano em Doze Semanas. Acontece que eu estava errado.

Três meses depois, em julho, meus resultados não estavam onde eu queria que estivessem, bem abaixo do que sentia que poderia entregar. Foi aí que tive a oportunidade de contratar um mentor do Ano em Doze Semanas e acabei aceitando. Decidi que era hora de me dedicar totalmente ao método pela primeira vez.

Relembrando agora, aquelas primeiras doze semanas de dedicação total foram todas sobre criar o hábito de realizar processos. Estabeleci uma meta difícil para mim e construí um plano concentrado em tocar minha atividade semanal de gestão da empresa — pedindo indicações em cada encontro e realizando seis telefonemas vendendo o serviço por semana. Trabalhei para construir o processo de usar uma estratégia semanal e me avaliava todas as semanas (por sinal, não minta sobre seu placar — isso não o estimulará). Encontrei meu mentor e participei de uma RSR semanal para me ajudar a lidar com falhas na performance.

Mudei muitas coisas, mas a mais importante pode ter sido aprender a valorizar meu tempo muito mais do que eu costumava fazer. Tempo perdido tem um custo de oportunidade — hoje em dia, se não sou firme na hora de gastá-lo nas minhas atividades de mais valor, sinto que estou perdendo dinheiro.

Depois das minhas primeiras doze semanas, apliquei com sucesso o método. Minha atividade aumentou e os resultados começaram a aparecer. Até o final do meu segundo período, tinha fechado mais negócios que no último um ano e meio! Na promoção anual de vida (vendas) da minha empresa, acabei como o vendedor número quatro no país em comissões do primeiro ano no meu nível de experiência! Tinha sido ok no ano anterior, mas meu nome não estava nem na lista de melhores performances. Agora, ele está lá!

Falo para quem quiser ouvir: se você está pensando no Ano em Doze Semanas, não mostre pouco interesse, dedique-se.

A história de Casey é emocionante, mas não é única. O Ano em Doze Semanas pode ajudá-lo a alcançar seus objetivos mais rápido do que você jamais pensou ser possível. É fundamental se dedicar por completo nas primeiras doze semanas.

Para ter melhores resultados na aplicação do método, você precisará de mais propósito em relação à forma como pensa e age a cada dia e semana. A boa notícia é que o Ano em Doze Semanas é feito para ajudá-lo justamente a fazer isso. Cada doze semanas tem um padrão, parecido em muitas formas com um ano em doze meses.

O primeiro padrão de repetição que acontece a cada doze semanas é definir (ou relembrar) de sua perspectiva em longo prazo. O bom é que você provavelmente já deu esse passo. Se não, sugiro ir para o Capítulo 13 e criar sua visão.

Depois de determinar sua perspectiva, o próximo passo na sua primeira rotina de doze semanas é estabelecer uma meta para o mesmo período, que represente um caminho até o objetivo final e que seja um grande resultado por si mesmo. Uma vez estabelecido isso, você construirá um plano para alcançá-lo.

Criar ou refinar sua visão, objetivo e plano são coisas que acontecem antes de cada Ano em Doze Semanas começar.

Seu primeiro período de doze semanas é único. Na verdade, ajuda muito dividir toda a época em três fases de quatro semanas.

SUAS PRIMEIRAS QUATRO SEMANAS

Estudos mostram que, ao ser apresentado a um conceito ou hábito novos, quanto mais cedo e com mais frequência você adotá-lo, maior a probabilidade de incorporá-lo à sua rotina diária.

Se as próximas doze semanas serão um período de descobertas para você, provavelmente será porque decidiu fazer as coisas necessárias para levar seu desempenho a novos níveis. Use as ferramentas e conceitos do Ano em Doze Semanas para trabalhar com eficácia no plano que você já criou.

Dedique um tempo a cada semana para os aspectos estrategicamente importantes que mais importam a longo prazo.

Concentre-se nas práticas fundamentais do Ano em Doze Semanas e faça com que elas se incorporem à sua rotina o mais rápido possível. Use a rotina semanal e torne estes três passos seus novos hábitos.

1. Planeje sua semana
2. Avalie sua semana
3. Participe de uma Reunião Semanal de Responsabilidade (RSR)

Para ajudá-lo a executar melhor, é importante também reservar seu tempo e acompanhar seus indicadores principais.

Decida agora se comprometer a permanecer no caminho certo pelas primeiras quatro semanas. É um período crítico. Elas serão dedicadas a começar rapidamente rumo ao seu objetivo, estabelecendo o Ano em Doze Semanas como seu sistema de execução. Nas primeiras quatro semanas, use a rotina semanal para conseguir algumas vitórias iniciais e estabelecer novos hábitos. Um bom início torna a meta final mais possível. Não comece a semana sem um plano. Semanalmente, tire alguns minutos para avaliar seu desempenho (avalie da semana dois para a frente; não há nada para pontuar até que você tenha terminado a semana um).

Vá às suas Reuniões Semanais de Responsabilidade e participe. Preste atenção às suas pontuações, acompanhe o seu progresso e responda a quaisquer falhas de desempenho.

SUAS SEGUNDAS QUATRO SEMANAS

Você provavelmente conhece pessoas que começam novas atividades com tudo, mas as abandonam antes de vivenciar os resultados por completo. Não faça isso! Falando sério, uma vez que você começa o Ano em Doze Semanas, fica mais e mais fácil a cada semana e passa a ser sua rotina. As segundas quatro semanas são importantes porque a novidade das doze semanas já acabou, e o fim do *ano* ainda está um pouco longe. Talvez não haja tanta urgência para você durante esse período.

É justamente agora a hora de se preparar para ser bem-sucedido neste e nos próximos anos de doze semanas. Você deve perceber progressos nos seus indicadores de vantagem e atraso, suas avaliações semanais devem estar melhorando e quase batendo os 85%, e você deve estar com uma sensação de evolução rumo ao seu objetivo. Se não, pelo menos, está identificando a falha e se comprometendo a resolvê-la. Seja seu plano, esforço para executar ou ambos, é hora de dar ênfase nisso. Aprender a usar o método do Ano em Doze Semanas como um sistema de prática deliberada é uma habilidade que lhe renderá belos frutos.

SUAS ÚLTIMAS QUATRO SEMANAS (E O SEGREDO DA 13ª SEMANA)

As últimas quatro semanas do ano em doze semanas são sua última chance de fechar com chave de ouro. Se está no caminho certo ou não para atingir seu objetivo final, ao encerrar o período com confiança você também cria resultados positivos e se prepara para o próximo ano de doze semanas. Nesse ponto, você tem feito com sucesso o que a maioria das pessoas raramente consegue: mudar intencionalmente a forma de pensar e agir para criar um salto permanente no seu desempenho e capacidade.

As primeiras doze semanas têm dois objetivos básicos: um é o de atingir a meta para o período. O outro, talvez o mais importante, é o de aprender a como aplicar o método de forma eficaz. Faça disso uma experiência de aprendizado. Preste atenção no que funcionou para você e o que não. Leve esse aprendizado para as próximas doze semanas.

É para isso que serve a 13ª semana. É uma chance de ter um tempo extra, ou fazer um esforço a mais, caso seja preciso, para alcançar seus objetivos. Também é um tempo para avaliar sua performance e decidir o que, caso necessário, será feito de diferente nas próximas doze semanas. Finalmente, a semana treze é uma oportunidade de reconhecer e celebrar seu progresso e sucesso.

DICAS PARA O SUCESSO

Enviamos e-mails de treinamento para nossa comunidade em alguns momentos-chave das primeiras doze semanas. Reunimos eles aqui para você nas páginas a seguir para que sirvam de lembretes durante as suas primeiras doze semanas, ajudando-os a se manter no caminho certo. Marque essa seção e retorne a ela para se inspirar. Além disso, visite nossa página no site www.12weekyear.com e busque as dicas semanais para o sucesso, "Weekly Success Tips", em inglês.

ORIENTAÇÕES PARA A SEMANA DOIS

Parabéns, você completou sua primeira semana usando o método de rendimento Um Ano em Doze Semanas. Se ainda não avaliou a semana passada, tire alguns minutos agora para *pontuá-la e para planejar a próxima semana*. Quando tiver terminado, responda mentalmente às seguintes questões:

- Como você pontuou?
- Quais foram seus êxitos?
- Como você poderia ter sido mais eficaz?

A pontuação da sua primeira semana não é tão importante. O que é importante é você reservar tempo a cada semana para se avaliar e planejar o que será feito durante o período. Você se comprometeu a melhorar e investiu tempo para determinar seu futuro e construir um plano para alcançar seus objetivos. Neste momento, tudo o que você precisa fazer é executar o planejamento.

A execução de tarefas eficaz acontece diariamente e semanalmente. O segredo para atingir suas metas de 12 semanas é aplicar o método de forma consistente. Com o tempo, você verá suas pontuações melhorarem. Uma tendência de pontuação que está subindo indica que a execução tem sido mais eficaz.

Lembre-se, você não precisa ser perfeito, basta ser consistente e persistente. Tenha uma ótima semana!

"Não acredito que exista uma qualidade tão importante para o sucesso de qualquer pessoa quanto a perseverança. Ela supera quase tudo, até mesmo a natureza."

— John D. Rockefeller

ORIENTAÇÕES PARA A SEMANA TRÊS

Bem-vindo à semana três das doze semanas! Onde quer que você esteja na implementação do Ano em Doze Semanas, sem problema. Não se preocupe muito com suas pontuações ou mesmo se você ainda não completou um plano semanal e uma tabela de desempenho. O momento decisivo é agora.

(continua)

A chave para a execução é *aplicar o sistema de forma consistente*.

Comprometa-se com sua perspectiva e seu plano e, em seguida, a agir começando hoje. Se você ainda não escreveu seu plano de doze semanas, faça isso antes que o dia acabe. Caso ainda não tenha completado o plano semanal ou avaliado seu desempenho na semana passada, obrigue-se a fazer isso essa semana.

Se você *foi* bem-sucedido até agora no método, muito bem! O objetivo mais importante durante as suas primeiras semanas usando o Ano em Doze Semanas é se envolver. Uma vez familiarizado com a rotina de execução de tarefas diárias e semanais, comece a trabalhar para melhorar seus placares de cada semana.

Onde quer que esteja, você se comprometeu a melhorar. Você investiu tempo pensando em seu futuro e traçando um plano para chegar lá. Agora, tudo o que você precisa é executar seu planejamento.

ORIENTAÇÕES PARA A SEMANA CINCO

Bem-vindo à semana cinco. Como você pontuou na semana passada? Você está no caminho certo rumo ao seu objetivo de doze semanas?

Faltam sete semanas para o fim do período. Sete semanas para fazer com que coisas boas aconteçam. Um ano com doze semanas não é muito tempo, por isso é fundamental que você execute tarefas essa semana! A realização eficaz acontece diariamente e semanalmente. Restando apenas sete semanas, você não pode se dar ao luxo de pontuar abaixo dos 85% de agora em diante.

Sua pontuação semanal importa. Você pode ter um desempenho abaixo de 85% e ainda sentir melhoras significativas no seu negócio; no entanto, você está deixando de atingir seu melhor patamar. A diferença entre bom e excelente é uma linha bem marcada — é a de 85%, semana após semana após semana.

Você chegou à quinta das suas primeiras doze semanas. O que seria diferente se você tivesse feito 85% ou mais em cada uma das últimas? Imagine onde você poderia estar hoje. A diferença em apenas cinco semanas é incrível! Cinco placares de 85% ou mais podem mudar seus resultados; *isso pode mudar sua vida.*

Pense no impacto de três, quatro ou cinco Anos em Doze Semanas com 85% de desempenho.

Tenha uma semana de 85%!

ORIENTAÇÕES PARA A SEMANA OITO

Já estamos na semana oito! É impressionante como um Ano em Doze Semanas passa rápido. Uma coisa interessante que acontece com frequência nessa época, durante o período como um todo, é o que chamamos *tensão produtiva.*

Com o Ano em Doze Semanas, há uma linha bem clara de visão que é criada em relação à falta de desempenho, que existia antes de ser aplicado o método, mas não era tão evidente. A tensão produtiva é a sensação desconfortável de não fazer as coisas que você sabe que precisa fazer.

(continua)

Ao se deparar com a tensão produtiva, nossa tendência natural é a de resolvê-la. Em nosso esforço para fazer isso, geralmente optamos por duas maneiras. A mais fácil é a de simplesmente parar de usar o método. Desta forma, você desliga o sinal de alerta que aparece nas suas falhas de rendimento. Tipicamente isso vira uma resistência passiva — você deixa de lado a finalização do plano semanal e a avaliação da sua semana, dizendo para si mesmo que voltará para fazê-los e esse dia nunca chega.

A outra forma é a de usar a tensão produtiva como um catalisador para a mudança. Em vez de responder ao desconforto abandonando-o, use a tensão produtiva como estímulo para avançar com a mudança.

A tensão produtiva é exatamente o que você quer vivenciar. É o principal indicador de mudanças significativas.

Se você cortar a desistência da lista de opções, então o desconforto da tensão produtiva acabará obrigando-o a tornar efetivas suas táticas. Se voltar atrás não é uma opção, a única maneira de resolver o desconforto é avançar executando seu plano.

Aprenda a aproveitar a tensão produtiva para obter uma execução mais eficaz e melhores resultados. Mexa-se!

ORIENTAÇÕES PARA A SEMANA ONZE

Bem-vindo à semana onze. Temos apenas mais uma semana antes do fim deste *ano*. O que você fez esse ano? Conseguirá alcançar sua meta de doze semanas? Está executando seu plano?

Lembre-se, nossa *forma de pensar* guia nossas *ações* e, finalmente, cria nossos *resultados*. Você ainda está pensando que falta muito tempo para o ano acabar ou está encarando os próximos dias como o fim do ano?

No livro *Good to Great*, de Jim Collins, o autor conta a história de um time de corrida de uma escola secundária que venceu dois campeonatos estaduais de forma consecutiva. O programa pulou do top 20 do estado para revelar atletas consistentes e campeões estaduais. "Não entendo", disse um dos treinadores. "Por que somos tão bem-sucedidos? Não trabalhamos mais do que as outras equipes. E o que fazemos é tão simples. Por que funciona?"

A resposta talvez o surpreenderá. A razão pela qual a equipe é tão vencedora é o fato de *terminar forte*. "Corremos melhor no final dos treinos. Corremos melhor no final das corridas. E corremos melhor no final da temporada."

O Ano em Doze Semanas é sobre terminar forte. O final da temporada é agora. Temos menos de duas semanas restantes no ano, menos de duas semanas para alcançar seus objetivos.

Concentre sua semana em terminar forte o Ano em Doze Semanas. Semana que vem ou mês que vem já serão tarde demais. O que você pode fazer nessa semana? O dia de hoje!

Comprometa-se a terminar forte:
Termine forte as *doze semanas*!
Termine forte a *semana*!
Termine forte o *dia*!
Seja excelente!

Implementação em Equipes

As primeiras doze semanas representam um momento crítico para um gerente que deseja alavancar totalmente o Ano em Doze Semanas. Seu time o procurará para determinar se esse será um novo rumo da equipe ou apenas algo passageiro.

Uma coisa importante que pode fazer é reconhecer progressos logo, e com certa frequência. Faça isso tanto individualmente como com o time. Crie um senso de evolução e energia a cada semana e não se esqueça de reconhecer a mudança no processo. Você não controla os resultados, então se concentre no processo.

Revise os planos de doze semanas de seus comandados na primeira semana. Faça sugestões de melhora conforme necessário, mas se certifique de que o autor da estratégia siga no controle. Não deixe que sua equipe execute a partir de planejamentos malfeitos, principalmente nas primeiras doze semanas.

Faça parte das Reuniões Semanais de Responsabilidade (RSRs), se necessário. Estimule os outros! Ao comparecer, leve seu plano semanal e sua avaliação da semana anterior, para que possam servir de exemplo.

Certifique-se de verificar individualmente o progresso de todos pelo menos uma vez a cada três semanas. Peça para ver seus planejamentos, estratégias semanais, médias de pontuação e indicadores de vantagem e atraso. Mantenha o controle para que o resultado seja o que você espera.

Revisão Pós-Ação

Uma das qualidades de um líder é sempre lutar para melhorar, e para ajudar sua equipe a melhorar. Revisões pós-ação ao final das primeiras doze semanas e dos períodos seguintes são maneiras eficazes de facilitar a aprendizagem e desenvolvimento para você e seu time. Uma revisão pós-ação consiste em dedicar tempo para reavaliar e identificar o que funcionou, além de pensar em formas de ser ainda mais efetivo da próxima vez. Certifique-se de realizar uma sólida revisão pós-ação ao final de cada Ano em 12 Semanas.

CAPÍTULO 21

Considerações Finais e a 13ª Semana

No final de cada Ano em Doze Semanas, há uma 13ª semana. Ela serve como oportunidade para você rever seus resultados das semanas anteriores *e* arrancar rumo ao próximo período com objetivos renovados e um planejamento consistente para alcançá-los.

Este capítulo é, de certa forma, a 13ª semana deste livro.

O Ano em Doze Semanas é um método que ajuda você a ter uma melhor performance por meio de uma execução de tarefas mais eficaz. Esperamos que, a essa altura, você consiga ver como o método é completo e tem tudo o que é preciso para melhorar consideravelmente seus resultados em qualquer aspecto da sua vida. Isso, claro, *caso* você se dedique a ele.

O poder do Ano em Doze Semanas é alcançado apenas se aplicado efetivamente. Dezenas de milhares dos nossos clientes adotaram o sistema, executaram seus planos e conseguiram resultados surpreendentes. Nossa mais sincera esperança é a de que você tenha grandes expectativas com relação ao que o método pode fazer para ajudá-lo.

O Ano em Doze Semanas é mais que um sistema, é também uma comunidade. Nossa visão é impactar positivamente o maior número possível de pessoas. Queremos apresentá-lo a pessoas como você, que se envolveu e teve sucesso. Incentivamos você a se conectar conosco no Facebook e no LinkedIn, e se juntar aos milhares que estão usando o método para atingir seus objetivos mais rápido e melhorar suas vidas. Para mais ferramentas e a chance de ter contato com outros entusiastas do Ano em Doze Semanas, visite o site www.12Week-Year.com, em inglês, e junte-se à nossa comunidade.

Obrigado por adquirir e ler este livro. Se pegar essas ideias e implantá-las em sua vida, acreditamos que verá isso como um dos melhores investimentos de tempo e dinheiro que fará. Se o Ano em Doze Semanas faz a diferença na sua vida, divida a experiência com seus amigos e colegas de trabalho, comece um núcleo local ou torne-se um mentor certificado.

O empresário norte-americano Thomas Edison, inventor da lâmpada, disse: "Se fizéssemos as coisas de que somos capazes, literalmente nos surpreenderíamos." Você é capaz de grandes coisas! Você tem tudo o que precisa para ser grande *agora*. Pare de esperar que as coisas estejam certas e comece onde você está. Em muito pouco tempo, você se surpreenderá com as mudanças em seu pensamento, ações e resultados.

No início do livro, mencionei que a maioria de nós tem duas vidas: a que vivemos e a que somos capazes de viver. Nunca se contente com nada menos do que você é capaz de fazer!

Adoraríamos saber como você está lidando com o Ano em Doze Semanas. Escreva um e-mail, em inglês, contando-nos.

Muita força para você,
Brian e Michael

■ ■ ■

www.12weekyear.com

Facebook: www.facebook.com/The12WeekYear

LinkedIn: www.linkedin.com/in/brianpmoran

Twitter: @brianpmoran; https://twitter.com/brianpmoran

Blog: http://brianpmoran.com/blog

Referências

Cassara, Lou. *From Selling to Serving: The Essence of Client Creation.* Chicago: Dearborn Trade Publishing, 2004.

Collins, Jim. *Good to Great: Why Some Companies Make the Leap... and Others Don't.* Nova York: HarperCollins, 2001.

Collins, Jim. "Leadership Lessons of a Rock Climber." *Fast Company*, dezembro de 2003.

Dalton, Amy N.; Stephen A. Spiller. "Too Much of a Good Thing: The Benefits of Implementation Intentions Depend on the Number of Goals." *Journal of Consumer Research* 39 (outubro de 2012).

Departamento de Estatísticas do Trabalho dos Estados Unidos. "American Time Use Survey", 2011.

Deutschman, Alan. "Change or Die." *Fast Company*, 1º de maio de 2005.

Duhigg, Charles. *O Poder do Hábito.* Rio de Janeiro: Objetiva, 2012.

Heath, Chip; Heath, Dan. *Switch: Como Mudar as Coisas Quando a Mudança é Difícil.* Rio de Janeiro: Alta Books, 2019.

Jeffers, Susan. *Feel the Fear and Do It Anyway.* Nova York: Random House, 1987.

Kelley, Don; Connor, Daryl R. "The Emotional Cycle of Change", presente em *The 1979 Annual Handbook for Group Facilitators*, editado por John E. Jones e J. William Pfeiffer. Nova York: John Wiley & Sons, 1979.

Koestenbaum, Peter; Block, Peter. *Freedom and Accountability at Work: Applying Philosophic Insight to the Real World*. São Francisco: Jossey-Bass, 2001.

Lohr, Steve. "Slow Down, Brave Multitasker, and Don't Read This in Traffic." *New York Times*, 23 de março de 2007.

Malachowski, Dan. "Wasted Time at Work Still Costing Companies Billions", junho de 2005. Disponível em: <www.salary.com/wasted-time-at-work-still-costing-companies-billions-in-2006/>.

Moran, Brian. "Performance Change with Pre-Task Planning Applied Prior to Task Execution." Estudo conduzido em 1989 pela Senn-Delaney Management Consultants. Os resultados não foram publicados.

Pressfield, Steven. *The War of Art: Break Through the Blocks and Win Your Inner Creative Battles*. Nova York: Black Irish Entertainment, 2002.

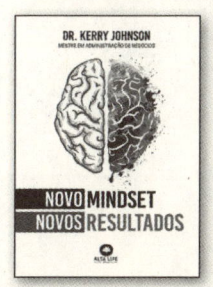